新时代教育高质量发展书系
XINSHIDAIJIAOYUGAOZHILIANGFAZHANSHUXI

行胜于言 身先垂范

教师的语言艺术何以价值千万

邓 琳◎著

中国大百科全书出版社 知识出版社

图书在版编目（CIP）数据

行胜于言，身先垂范 ：教师的语言艺术何以价值千万 / 邓琳著. -- 北京 ：知识出版社，2020.5
（新时代教育高质量发展书系）
ISBN 978-7-5215-0133-9

Ⅰ. ①行… Ⅱ. ①邓… Ⅲ. ①教师—语言艺术—研究 Ⅳ. ①G42

中国版本图书馆CIP数据核字(2020)第015767号

行胜于言，身先垂范：教师的语言艺术何以价值千万 邓 琳 著

出 版 人 姜钦云
出版统筹 张京涛
产品经理 郭文婷
责任编辑 王云霞
特约编辑 曾旭明
装帧设计 张雅蓉
出版发行 知识出版社
地 址 北京市西城区阜成门北大街 17 号
邮 编 100037
电 话 010-88390659
印 刷 阳信县卓越盛达印务有限公司
开 本 710mm×1000mm 1/16
印 张 15
字 数 181 千字
版 次 2020 年 5 月第 1 版
印 次 2023 年 3 月第 4 次印刷
书 号 ISBN 978-7-5215-0133-9

定 价 40.00 元

序

教育是关乎千家万户的事业，任何一个社会，都需要教育思想的引领。时代在变，教育也在变。然而，变中也有“不变”，所以，我们要对教育进行哲学的思考，只有搞清楚了哪些需要变，哪些不能变，才能真正做好教育。而教育的本质是什么，什么是好的教育，理想的教育是什么样的，这些最基本的教育问题应是教育哲学思考的源头。只有弄清楚这些最基本的问题，我们才能找到正确的方向，办出有质量的教育。

教育是培养人的事业，是一个通过培养人让人类不断走向崇高、生活更加美好的事业。因此，教育最重要的任务是塑造美好的人性，培养美好的人格，使学生拥有美好的人生。如何达成这样的目标？那就需要一批有理想、有情怀、有追求、有实干精神的校长和教师，用自己的青春和智慧去践行。而在现实中，也确实有这样一群人，他们热爱教育事业，关爱每一个学生，一步一个脚印，用脚去丈量教育，用心去感受教育，用智慧去点亮教育。

如何将这样一群人聚在一起，用他们的智慧去影响更多的教师？

中国大百科全书出版社、知识出版社策划出版了“新时代教育高质量发展书系”，进行了可贵的探索。他们在全国范围内汇聚了60名优秀的教育工作者，这些教育工作者大多是扎根教育一线的优秀校长和教师。书中的经验、实践、体会和思想，既有教学的艺术，也有管理的智慧；既有育人的技巧，也有师德的弘扬；既有教师的发展思考，也有校长的成长感悟；既有师生关系的融通之术，也有家校关系的弥合之道。60本书，60个点，每一个点都是一门学问，一门艺术。

我今年给“新教育”的同人写过一封新年信，题目是“让教育沐浴人性的光辉”，从三个方面对教师的工作提出了建议。我也把这三条建议送给这套丛书的作者和读者朋友。

一是要善待我们自己。要珍惜时间，张弛有度，让人生丰盈；发现教师职业魅力，做一个善于享受教育生活的人；培养健康的爱好，做一个有生活情趣的人；与学生一起成长，做一个在教育过程中不断进取的人；不断挑战自我的最高峰，做一个创造自己生命传奇的人。

二是要善待学生。要把学生作为一个真正的人看待，让学生能够张扬自己的个性，发挥自己的潜能，成为更好的自己。在我们教室里的学生，首先是活生生的生命。我们应该从生命的角度考虑，首先是如何帮助他成为一个人，一个有理想、有激情、有智慧的人，一个能够适应社会并且受人欢迎的人，一个挖掘自身潜能、张扬不同个性的人。

三是要把教育的温暖传递给社会。许多问题，归根结底是教育的问题。尽管我们任何一个人，作为个体的力量都是有限的，但是，再渺小的个体，也能够温暖身边的人。所以，我们要让所有和我们相遇的人，都能够感受到我们的美好和温暖，这也是让人与人之间，让全社会变得更美好、更温暖的有效方式。

有人性的人是明亮的，有人性的教育是光明的。让教育沐浴人性的光辉，我们的今天将会更加幸福，我们的明天将会更加美好，我们的世界将会因此璀璨。

是以为序。

朱永新

2020年5月1日

目　录

第一章

教育活动中的语言艺术

第一节 身教胜于言传

成为学生“精神生活极其丰富的榜样”，是苏霍姆林斯基对教师素质的概括性要求。他说：“教师对于学生来说，应当成为精神生活极其丰富的榜样，只有在这样的条件下，我们才有道德上的权利来教育学生。”

身教重于言教，“学高为师，身正为范”的古训在当今加快推进教育现代化、建设教育强国，办好人民满意的教育的伟大时代具有非常重要的意义：教师一身正气，品格高尚，可以感染学生“亲其师”而“信其道”，进而自塑完美人格；教师勤奋工作，专业精深，可以激发学生发奋进取，自强不息，追求美好理想；教师襟怀坦白，从容大度，个性鲜明，可以影响学生心理健康发展；教师情操高雅，言行文明，热爱生活，可以促进学生形成优良品质和正确世界观，使之真正成为德智体美劳全面发展的社会主义建设者和接班人。

中学阶段的青少年正处在人生观、价值观形成的关键时期，他们的大脑像海绵一样能以最快的速度和最开放的姿态吸收新的知识和资讯，但也正因如此，他们也容易产生取舍的迷惘。所以，青少年需要有值得崇拜进而能够模仿的对象，教师无疑是这种对象的合适人选。这就要求教师在课堂及课余生活中的一言一行能够对学生的思想品德的养成产生积极的示范作用。

一、身先垂范的重要性

培养什么人，是教育的首要问题。在 2018 年的全国教育大会上，习近平总书记从党和国家事业发展全局出发，高度评价教育对于国家富强、民族振兴、社会进步、人民幸福的极端重要性，充分肯定教育所具有的基础性、先导性、全局性地位和作用。新时代新形势对教育提出了新的更高要求，教师不仅要向学生传授知识和技能，要培养学生的各种能力，更要陶冶学生的情操。既授业又育人，是教师从事教学活动的实际落脚点。教师对学生思想道德品质的积极影响是多途径的，而且这种影响往往比有目的性的教育教学活动对学生的影响更加深远。教育家乌申斯基曾说："教师个人的范例，对于青年人的心灵，是任何东西都不能代替的最有用的阳光。"

但是，无论是过去还是现在，许多教师忽视了自己的"阳光"作用，认为自己的职责只是解读文本、传授技能、提高成绩、追求升学率等，至于其他诸如品行、习惯、心态、原则之类必要的精神建构，则可以采取请优秀学生、模范人物做报告，讲古今中外英雄人物的事迹，看思想教育导向性较强的影片、书籍等方法来完成。

虽然这些方法会对学生的思想产生一定的影响，让他们受到一定的教育，但在一部分学生看来，这些教育内容是"他乡明月"，离自己太过遥远。人家是英雄、模范，学生想要达到那种高尚的境界，却苦于没有科学的路径可供学习，只能望洋兴叹。他们中有的觉得那些例子只是特例，是生活的个别，因而缺乏亲近感，少了应有的共情；有的甚至会认为那只不过是虚构的、经过装饰的案例，即便是真的也是"掺了水分的"。所以，学生往往是听案例分享的时候能激动亢奋一下，但是当"时过境迁""激情燃烧"的热度消退之后，又会在一些生活习惯、个人利益等问题上出现旧思想的复原。教师往往也会在这个时候发出"不可救药"的感叹，却没有意识到自己的言行举止对学生能够起到榜样教化的作用。

教师严谨的治学风格和实事求是的教学态度、公正无私的人品，本身就是一种巨大的教育力量。学生对认知方法的掌握，对是非的辨别，对社会的看法，常常是从教师身上取得第一印象的。他们受了理论教育，也往往是先以教师的言行来加以验证。一位充满爱国激情的教师，其学生怎能不被那洋溢的爱国情感所熏陶？一位乐观向上、敬业有为的教师，对学生怎能不产生巨大的榜样力量！

二、身先垂范是现代教育的重要组成

中学教育要为学生的成长打基础，促进学生的全面发展。苏霍姆林斯基说："在一个全面发展的、活生生的、有血有肉的人的身上，体现出力量、能力、热情和需要的完满与和谐，教育者在这种和谐里看到这样一些方面，诸如道德的、思想的、公民的、智力的、创造的、劳动的、审美的、情绪的、身体的完善等。"在苏霍姆林斯基看来，"全面发展的人"就是"精神世界极其丰富"的人。

学生精神世界的丰富，是学生在教育活动的精神实践过程中实现的。而学生这种精神实践活动需要通过教师进行激活、引导和组织。苏霍姆林斯基说："在我们的学生的身上，隐藏着天才的数学家和物理学家、哲学家和历史学家、生物学家和工程师、大田里和机床旁的创造性劳动能手的素质。这些天才的素质，只有在每一名学生遇到教师有这样的'活命水'来浇灌的时候，才能蓬勃生长，否则就会干枯和衰败。"中国古代"曾子杀猪"的故事、"前有三曹，后有三苏"的文坛佳话也正说明了一旦有了"参照物""标杆"和"指示灯"就能给后进后学者以效仿。同样，有了教师可以"垂范"的言行影响，就可以激发并保持学生奋发向上的动力和积极性。苏霍姆林斯基说："无论什么也比不上一位聪明的、智力丰富的、诲人不倦的教师，使学生感到赞叹和具有吸引力，以那样强大的力量激发他们上进的力量。”

与此同时，教师又不同于那些因过于完美而公式化、模式化的英雄模范，他们是可见、可感、可观察、可体会的模仿对象，就算是“道德楷模”，也是鲜活生动的。经过这样的日积月累、耳濡目染，能够在学生的心灵院、灵魂屋中撒下智慧种并生根发芽。更大的优势还在于教师不是只呆站在学生面前摆个“模范”姿势供他们学习，还能因地制宜，深入了解不同学生的潜力和成长发展过程中的特殊性，据此有针对性地、科学地“垂范”。

三、如何做到身先垂范

（一）自我人格的完善

陶行知先生认为真正的教育要“以人教人”，“学校无小事，事事有教育；教师无小节，事事做楷模”。中学生往往把自己崇拜的教师作为学习的榜样，模仿其态度、情趣、品行，乃至行为举止、音容笑貌、板书笔迹等。他们从教师的言谈举止中受到启发而填充自我性格，被教师的品行感召而完善自我品德，甚至会因教师在自我心目中的威望而把其作为人生追求的目标。此时，教师对学生的影响作用就不仅仅取决于教师主观上想怎么样，还要看教师自身是什么样子。教师要按什么样的教育思想来培养学生，首先就应依照这种教育思想来要求自己、完善自己，使自身成为这种教育思想的具体体现。教师想把学生培养成什么样的人，教师自己就应该先成为这样的人。这样一来，教师对学生的教育作用就通过自身的形象、人格魅力对学生的感染、熏陶、感化得以实现，就能促进学生在“知、情、意、行”各方面产生积极的变化。

1．人格的完善要求教师要爱学生

教师应该是“严父”和“慈母”的有机结合。但是，即使父母给予孩子们足够的爱，青少年的身心也未必一定能健康成长。身为教师，经常会听到家长这样的要求：“我们说什么孩子都不听，还是老师说的话管用，请老师帮我们多说说他（她）。”的确如此，家长即便是大学教授，在孩子心目中，说话还不见得比班上的教师有分量。这就是教师特质之一——权威性。

教师的权威靠什么来获得？仅靠丰富的知识是不够的，也不能“只有好心，不给好脸”，而应靠教师对学生发自内心的爱。马克思说：“只能用爱来交换爱，只能用信任来交换信任。”学生不是机器，是活生生的人。人非草木，孰能无情？学生只有觉得老师对自己有份慈爱和亲情之时，他们才会把老师当知音或知己，才会认为老师可亲可敬，才会对老师打开自己心灵的门窗，接受对自己灵魂的改造。否则，一切说教都会成为隔靴搔痒。爱是教育的前提，如果没有对学生的责任心和爱心，用真诚热情去亲近他们，即使满腹真理、能言善辩，学生也只会对这种老师敬而远之，教育就难以达到预期效果。

在我们的日常教学工作中，教师们更多的是关注学生的成绩，眼里只有两类学生——成绩好的学生和成绩不好的学生。这种教师意识不到，不管好生还是“差生”，都是一群内心渴望老师关爱的学生。除父母之外，老师是学生接触最多的长者，是学生最依赖的人。如果这样的人能给他们多一点关心、信任、理解、鼓励、宽容，他们的人生会因此而多一点光明，少一些阴霾。反之，如果他们在乎的对象给予他们的是不耐烦的表情、鄙弃的眼神、伤人的言语，学生就会觉得自尊受到伤害，甚至会因无法对自己有客观、正确的认识而心灰意冷误入歧途。真正关爱学生的教师，必然会讲究教育学生的语言和行为的艺术性。

2．人格的完善要求教师要爱创新

新时代的教育环境对教师的道德提出了更高要求，教师必须具备极强的职业意识和职业道德。除了热爱学生，认真负责地对待每一名学生之外，更应该热爱教育事业，具体表现在教师应努力钻研业务，提高自身水平，具有创新精神。

凡是学生尊敬和爱戴的教师，都是有着较强业务能力的教师。教师要有渊博的知识并且善于把必要的知识传授给学生，发展学生的智力，使学生真正体会到掌握知识的乐趣。所以，教师除了要有理想、有道德，能妥善处理师生关系，能够以身作则、为人师表，一言一行皆能成为学生的表率之外，还应该成为一个有创新精神的人。

创新精神是和保守、守旧思想相对立的，一个具有创新精神的人在眼下瞬息万变的社会中，对信息的捕捉、吸收、筛选和运用，都能够产生新的思维方式。这就要求每位教师都要有敏锐的观察力和准确的判断力，去捕捉新的有价值的信息，并对庞杂的信息进行筛选、分析和整理，从中找出主要的问题，据此做出决策，指导行动，以取得最佳的教学效果。一个具有创新精神的人，一定是敢想敢干的人，有勇气独辟蹊径，有能力开拓新的领域。

总之，教师要打破传统的教书先生形象，把这个教书先生变为科研型、学者型、时尚型的综合型高素质教师。低水准、低素质的教师即使能够完成教学任务，也很难培养出高素质的学生；但高水准、高素质的教师通过“身先垂范”最终必然能培养出高素质的学生，而且其先进甚至是超前的思维方式会使学生受益终身。

3．人格的完善要求教师要爱生活

在经济繁荣的新时代，教师肩负着民族伟大复兴的责任，教师要守住心灵的宁静。品德高尚的教师需要热爱生活，同时具有能够摆脱物质诱惑、耐得住寂寞、淡泊名利的品质。

教师需要做到在处理个人名利、灾祸时不产生过激反应，泰然处之，心底无私天地宽。平时懂得知足常乐，助人为乐，不为蝇头小利而斤斤计较，有“行到水穷处，坐看云起时”的乐观性格，在有失尊严的情境中也有能力守住底线。更多地关注自己的内心世界，以敬畏、惊奇和愉快的心情体验人生中遇到的各种事件，保持与生活的舒适距离，这样就能最大范围地发现生活中的美丽。工作时能全情投入，休闲时能尽情放松、广交朋友，努力提高自己的生活质量，每天以微笑作为给学生的第一份礼物。

教师要能把握自己的情感，沿着自己选择的日标前进。在教育教学过程中，展示自己的天赋，承担教书育人的职责，懂得真实自我与理想自我之间存在的差异，懂得自我评价与他者评价之间的差异，在影响和教育学生的同时不断修正和追求自己的理想人格。

（二）感性与理性的平衡

所谓“双性思维”，就是感性思维和理性思维。作为一名教师，必须做到使自己的感性和理性思维达到有机平衡。

1．当理智胜于情感

当理性占据主导地位时，教师在教育学生的时候，就不会感情用事，能从纷繁杂乱的感性信息中找到头绪，将事态看得更为明晰，从而产生积极的教育效果。作为长辈，教师只有具备超凡脱俗的人格魅力，才能教导学生做一个正直、守信、忠诚的人；教师只有储备博大精深的学问，才能用自己独特的思维方式和方法，耐心地对学生进行言传身教。这些都是理性对于实践的指导要求。然而，当一名教师理性过了头，用考试成绩、日常表现来刻板地要求学生，不考虑学生的兴趣爱好、自尊自信等问题，把学生分为重点大学种子选手、中等有希望对象、无可救药放弃对象等加以区别对待，就背离了教育的根本原则。

2．当情感高于理智

当感性占主导地位时，人往往会感情用事，但教师有时候是需要“感情用事”的。新时代的教师不仅要做一位循循善诱的良师，而且要做学生推心置腹的益友。作为朋友，教师只有虚怀若谷、款款挚情，才能给予学生亲切、平易近人和值得信赖的感觉，才能被学生在情感上完全接纳，进而更好地成为“范”，更有效地教育学生。

生活中的性情中人较为容易拥有更多情投意合的朋友，同样，感情丰富细腻的教师，在取得良好的教育效果之余，还能偶遇一些忘年之交。事物有利就有弊，感情丰富的教师也容易在教育中表现出个人好恶。有的老师对自己喜欢的学生“爱之深，捧之切”。一看到自己的得意门生恨不得打心底里笑出声来，哪怕是他犯了错误，也可以视而不见或者不痛不痒地批评两句。反之，对那些麻烦不断的“问题学生”，那就是“烦之深，责之切”了，不给好脸不说，动辄大发雷霆。学生在这样的教师教导下是不会有良好的成长和发展前景的。

3．感性与理性的平衡

感性和理性好比人的两条腿，缺一不可。两条腿走路要讲平衡，所以教师要善于调整自己的感性和理性，使自己处于健康的平衡状态。凡事过犹不及，当火冒三丈的时候，自己就要用理智来压一压；当极度压抑、程式化、功利化，甚至冷漠无情时，自己就应该释放被压抑的情感，要有意识地培养自己对学生对工作的丰富的情感。不要成为犯了“管理强迫症”、长一张“成绩晴雨表”脸的“工作狂人”。

在实际操作中，教师可以遵循以下原则：

1. 对学生要激情洋溢

教师同其他人一样，在工作和生活中也会遇到烦恼和悲伤。受委屈了，遇挫折了，家里“内讧”了，长辈谢世了……不论自己处于多糟的境况，当你走进教室，当你面对学生的时候，都要及时地调整心态，在学生面前呈现出愉快乐观的心态和阳光明媚的笑脸。快乐可以感染快乐，忧愁可以渲染忧愁。教师没有理由在学生面前摆出“苦大仇深”的面孔，没有理由把自己一时的烦恼、忧愁、伤感渲染给学生，更没有理由把自己的不愉快转嫁给学生。新课程倡导“微笑教学”，这进一步提高了对教师素质的要求。

2. 对学生要亲切和蔼

不论学生问的问题多么简单，教师都不能不耐烦。教师在答疑时，不能说“这么简单你都不会”“我不是讲过了吗？上课听讲了没有”“这个问题你们老师没讲过？去问你们自己的老师”“你脑袋到底是怎么长的”等伤害学生自尊心的话。

当学生向老师倾诉、需要老师答疑解惑时，不论其话题内容多么无趣，教师都不能表现出兴味索然，甚至不待学生说完，便打断其讲话，然后居高临下地批评教育一番，用一些大道理轮番轰炸。

当学生质疑教师的教学内容时，教师不能说“你懂什么”之类表示不屑、鄙夷的话语，否则就会造成“闭目塞听”“阻塞言路”，学生有问题不敢问、有疑难无处解，最后积“难”成疾，再去弥补，为时已晚。所以，教师应该做一个礼貌的倾听者、客观的建议者、热情的指导者。建议使用这样一些言语：“你问的这个问题虽然简单，但也很重要，说明你功课做得很细。”“这个问题虽然我上课讲过，但我可以再给你讲一遍，下回可要注意听讲哦，我老这么给你‘开小灶’别人会有意见的哦！”“以后有问题尽管问。”“我想听听你的想法。”“从一个成年人的角度，我可以给你提一些建议，你自己考虑一下是否接受。”“你觉得这样做对吗？有没有听听朋友（家长）的意见？”“只要你需要，我总有时间。”对于那些能质疑教学内容的学生，更应该以肯定鼓励为主，因为这是在用行动教育他们人人都有独立思考的能力，人人都要有质疑权威的勇气。

3．对所有学生一视同仁

“陟罚臧否，不宜异同。”关于学生的优劣是否只由成绩好坏来评定的争论由来已久，我们在这里暂不讨论，但可以达成共识的是：学业成绩固然重要，学习效果某种程度上可以通过成绩来评定，但教师绝不能唯成绩论。有关教师人格特征的调查显示，在学生的眼里，“公正客观”被视为理想教师最重要的品质之一。学生最希望教师对所有的学生一视同仁，不厚此薄彼。否则，会使那些所谓的“差生”在老师和同学面前抬不起头来，使学生受到情感和心理上的极大伤害，最终导致人为地扩大了学生成绩等级的差距。而这种差距又会反过来强化甚至固化师生对这种成绩分布结果的错误看法，最终压抑了学生的理想抱负，削弱了学生的学习动机；更坏的结果是有可能导致学生的人格障碍，使学生以自卑、忧郁、孤僻的性格度过一生。

4．及时帮助与鼓励学生

来自教师的一个肯定的目光，一句激励的话语，一抹赞美的笑意，都会为学生的生命注入无穷的动力。清代教育家颜昊先生说：“教子十过，不如奖子一长。”意思是花费很多时间和精力去苛求学生，不如用一点心力去发现其优点，并以此激励他，让学生体验成功的滋味。

有位老师班上有个男生，诗歌朗诵曾获全校第一，但是在学习上却并不是很刻苦，几次成绩没考好，上课积极性就不高了。于是，这位老师在讲解曹操的《短歌行》的时候，先放了一段录音，然后问："录音里的那位朗读者读得好不好？"同学们纷纷说不好，老师抓住这个时机，说其实我们班上有个同学不用怎么准备，就一定可以超过录音机里范读的水平。接着就请这位男生起来进行范读。男生先是很吃惊，但出于对自己水平的自信，先平静了一下，酝酿了一下情绪，就开始读了起来。之后同学们给予了热烈的掌声，男生也非常开心。老师说："这才是高水平的朗读！"因为这次成功的表现，男生连续几天学习兴趣都很浓，上课积极性也很高。

可见，老师能发现学生的闪光点并加以赞赏的行为是多么有力量，不仅能使学生享受成功的愉悦，还能激发学生的求知欲和学习激情，在求学之路上扬起自信的风帆。

（三）教师应学会换位思考

1. 观念换位

课程改革不仅是课程结构的调整和新教材的应用，还涉及观念的更新和行为的变革。长期以来，教育担负着传播知识和培养人才的重任，随着科技的迅猛发展，只把目标定位在学生的学业上显然不能适应新时代对人才的要求，这就迫使教师必须在以下观念上进行换位思考。

（1）教育目标换位

在教育观念上，教师要从关注学生的学业向关注学生的综合素质换位，过分关注学生知识和技能的教育，可能会因此忽视学生能力的培养、人格的塑造，忽视学生对社会环境的适应能力，及学生实践能力的培养，而造成高分低能的现象。因此，教师应着眼于思考如何提高学生的综合素质，把重点转移到素质教育上来。

（2）教学方式换位

在教学方式上，教师要由封闭式向开放式换位，教学方式实现由纵向往横向转变。教学不能仅仅局限在课堂上，要让学生走出课堂，到社会、生活中获取知识，到图书馆、实验室获取知识，避免造成学生知识面过窄、过死的现象，从而提高学生的知识水平和实际操作能力。各学科之间要互相渗透，文理协调发展，避免造成学生偏科。

（3）培养模式换位

①由面向优生转为面向全体学生

教师要关注每一位学生的发展，尊重每一位学生的个性，发现每一位学生的特长，因材施教，因势利导，改变只为高级学校输送人才的心态，让所有学生都能得到发展和提高，使其成为社会各个行业的有用之才。

②由掌握知识转为终身学习

教师要站在学生终身学习的高度来培养和教育学生，既教给学生必备的基础知识和技能，又教给学生获取知识和信息的本领，让学生学会学习，学会做人，学会做事。

③由智力素质转为人文素质

教师在注重培养学生智力素质的同时，更要注重学生人格的培养，关心学生的心理健康、道德品质，引导学生形成正确的人生观、价值观，加强对学生的人文教育，提高学生的人文素养，培养学生的人文精神及爱国情怀。

2．心理换位的思考

心理换位要求教师在掌握教学规律的同时，根据学生的年龄特征、心理特点，从学生的心理角度去思考问题。

（1）体现人格尊重

教师要与学生平等相处，以心换心，设身处地站在学生的角度，珍爱学生的自尊。教师面对的是敏感的青少年，他们更需要心灵的抚慰，更需要体贴入微的爱心。教师在教学中，要仔细审视自己的言行，任何表扬、批评、鼓励都要始终为学生着想，多一些鼓励，多一些理解，多体验学生的感受，以人格的力量调动学生的学习兴趣，以真挚的爱给学生学的信心，促进学生身心发展。

（2）体现心理特点

中学生处于身心成长的半成熟阶段，兴趣、爱好和理想仍处于建设期，教师要掌握学生的心理特点，在感情上、心理上理解学生，在师生之间架起一座相互信任的桥梁，让学生自觉地接受教师的教育和引导。教师只有从学生的角度思考问题，如从学生的内心世界、接受程度、生活方式、承受能力等方面考虑问题，才能够促使教师和学生在心理上更加接近，感情上更加融洽；学生亦会以同样的爱回报教师，并把这份感情转移到教师所教的课上，把满腔热情投入到学习中。

（3）培养逆向思维

处于个体心理发展阶段的学生往往表现出逆反心理，而这正是教师培养学生逆向思维的最佳时期。教师需要在教学过程中对其进行正确引导，不失时机地鼓励学生观察事物发展的过程，由果追因，可收到一定的教学效果，从而找到解决问题的方案。

3. 角色换位的思考

要提高学生的素质，培养学生的创新精神和实践能力，教师角色的转变十分关键。在教学过程中，教师要从知识和技能的传授者转变为学生学习活动的组织者和指导者，学生成长的合作者、促进者和陪伴者。

（1）备课的重点是研究学生

随着教育教学改革的不断推进，教师备课活动的重点不只是研究课程标准或教材，而应转变为对学生的研究，研究学生的已知与未知，研究学生认知与情感发展的需求，研究学生在课堂教学过程中所发生的变化。备课活动不再是只琢磨怎么讲能讲得清楚、透彻、到位和学生听得懂、记得牢；教师应更多地关注学生要怎么学、怎么动才能学得更多、更好，更重要的是激发学生的学习兴趣，点燃学生创新的火花，使学生积极地参与教学过程，让学生的眼、耳、口、手协调并动，这些都是教师备课活动中应思考的问题。

（2）课堂教学要丰富多样

教师的教学手段要从只有一支粉笔、一张口转变为努力提供丰富的教育资源、先进的技术手段，以多变的教学形式努力创设宽松的学习环境。传统的授课主要靠教师讲学生听，结果教师讲得津津有味，学生听得昏昏欲睡，因此，在教学过程中，教师要从一个讲授者、课堂的主宰者，变成学生成长的合作者和见证人，变成学习活动的组织者和指导者，把课堂真正还给学生。

首先，教师在教学模式上，要由讲解型变为自学型，让学生自主学习。学习是学生自己的事情，教师不能代替，也代替不了；让学生自己阅读，自己感受事物，观察、分析、思考问题，才能使其明白事理，掌握知识。

其次，教师在教学过程中，应由老师变为朋友，让学生把有深刻感悟的东西讲出来，通过教师的正确引导掌握规律。心理学研究表明，每个学生的内心都有很强的求知欲和探究欲，教师能够真正调动学生学习的欲望，教学就成功了一半。

再次，教师在组织形式上，应由主宰者变为合作者，让学生利用各种学习方式，在集体与自主学习中，在思考、操作、争论、探究的过程中实现有效学习。教师可以围绕教学目标，将教学内容和学生实际相结合，采用灵活多变、形式多样的组织形式开展学习活动，使每一名学生都有机会参与到学习中，都有机会经历“看、想、听、说、辩”的学习过程。教师置身于其中，不失时机地引导学生进行讨论交流，给学生一个相互学习的平台，给学生一个表达自己独特见解的平台，从而更好地激发学生的学习兴趣，发展学生的创造性思维。

（3）问题意识重在培养

教师要把提问权还给学生。在教学过程中，教师要激发学生的思维，培养学生的创造能力，就要让学生主动去寻求问题，积极去探索问题，从而培养学生的问题意识。

首先，教师要努力创设一个学生主动提出问题和探究问题的情境。在教学中，教师给学生提问题的机会，通过多种形式激发学生的求知欲、好奇心，增加让学生动手操作的机会，启发学生去积极思维，积极探究，寻找规律，发现问题。

其次，鼓励学生提出问题。爱因斯坦曾经说过：“提出一个问题，往往比解决一个问题更重要。”从小学进入初中，随着年龄的增长，学生越来越不爱提问题，主要原因是过去的教学经历养成教师提问题学生回答，或满堂问满堂答的习惯，扼杀了学生提问题的积极性。因此，在教学过程中，教师要鼓励学生敢于提问题，养成学生善于提问题的习惯，真正使课堂变成“我要学”“我会学”的舞台。

（4）营造和谐宽松教学环境

创造性人才的培养有赖于民主、和谐、相互合作的课堂氛围，教师应从“民主”的土壤中吸取养料。在教学过程中，教师要努力使课堂变成学习的乐园，要努力营造一个健康、和谐、民主、温馨的学习环境，要置身于“民主”之中，建立起民主、平等的师生关系，真心诚意地与学生平等交往、交流、对话。教师由教育的操纵者、主宰者转变为引导者、促进者、合作者，学生才能舒展天性，发展个性，生动活泼地成长和发展。

总而言之，不论是课上还是课下，师生之间的换位思考是理智地解决问题的关键。教师知其所想，给其所需，遵循因材施教的原则，采取适合学生心理特点和接受能力的教育方法，才是学生最为欣赏的也最容易接受的。

当学生出现问题时，教师在指责发怒之前，用理智控制自己的情绪，不要想着“对牛弹琴”“屡教不改”“教而不化”这些字眼，而应该考虑“金无足赤，人无完人”。成年人甚至伟人都有犯错的时候，学生涉世未深、思想不成熟，怎能保证一步不错？只要不是原则性的错误，教师最好不要动辄批评、惩罚、告学校、请家长。点到为止地将批评艺术化，反而能化危机于无形。这种“推己及人”的思维方式会让教师做到“己所不欲，勿施于人”，是现今教育民主化、人性化的体现。

当学生的缺点、脆弱、无知暴露无遗时，教师要能意识到自己对那些亟须帮助的学生有一种无可推卸的责任，迫切地想去缓解他们的焦虑，解决他们的疑难，消除他们的困境，并能选择正确的帮助、救治、矫正学生的方法。这样才可能达到理性和感性的最佳平衡状态。

（四）运用教育语言的艺术体现教师“身先垂范”

马卡连柯说过：“同样的教学方法，因为语言不同，效果可能相差20倍。”在教学活动中，教师应注意语言的艺术性，这样既能帮助学生学习、运用语言，又能启迪学生的思维，打动学生的心灵，把学生由“山重水复疑无路”引入“柳暗花明又一村”的境界。因此，教师应三思而后说，说后再三思，时刻注意自己的语言带给学生的是什么示范效果。

教师的语言主要指教学过程中的语言和与学生交流时的语言两种，除了必须讲究的规范性、准确性、逻辑性之外，还要从以下几个方面加强语言的艺术性。

1．艺术性语言要具备启发性

“不愤不启，不悱不发。”（《论语·述而》）“愤”就是学生对某一问题正在积极思考，亟于解决而又尚未搞通时的矛盾心理状态。这时教师应对学生思考问题的方法适时给予指导，以帮助学生开启思路，这就是“启”。“悱”是学生对某一问题已经有一段时间的思考，但尚未考虑成熟，处于想说又难以表达的另一种矛盾心理状态。这时教师应帮助学生弄清事物的本质属性，从感性认识上升到理性认识，引导学生用较为准确的语言将疑惑之处表达出来，这就是“发”。所谓语言的启发性，就是要求教师要让学生在教学语言的激发下产生求知欲和学习的主动性，引导学生基于一定的认知水平来思考问题，从而得出相应的结论，并掌握获取知识的方法。在强调教师的教学要注重启发性方面，《学记》也指出：“故君子之教，喻也；道而弗牵，强而弗抑，开而弗达。”

2．艺术性语言要形象、通俗、新颖

人的认知习惯使得形象化的信息成为其最乐于接受和最容易接受的信息。概念、原理或定理，深奥的哲理或思想内涵，都具有一定的概括性和抽象性，学生接受它们有一定的困难。教师通过形象、通俗、新颖的语言把抽象的概念具体化，将深奥的道理形象化，运用恰当的典故、生动的比喻、形象的事例或者一些时下流行的语句，增加教师授课的趣味性，活跃课堂气氛，同时也可以帮助学生加深对知识的理解和记忆。易中天之所以成为百家讲坛最受欢迎的学者之一，主要是因为他把学术研究用通俗、生动、幽默、贴近现代生活的语言加以阐释。

教师的语言如果干瘪、乏味，学生的语言就不免枯燥、空洞；教师的语言如能形象、通俗、新颖，学生才能学会生动、活泼、准确地表达。

3．艺术性语言的幽默属性

孔子云："言之无文，行而不远。"说话如果没有文采，不讲艺术性，就不能打动人。幽默是语言艺术的重要组成部分，它的正确使用能够让语言的感染力大大增强。除了通俗形象之外，语言的艺术性还要求教师教育学生时展现出适当的风趣幽默。

学生喜欢博学多才、热情开朗、平易近人又具有高超讲话艺术的教师，不喜欢正襟危坐、不苟言笑、古板冷漠又缺乏讲话技巧的教书先生。

诙谐有趣、意味深长的语言能调节气氛，缩短学生和教师、学生和知识的距离感。例如，有老师讲到杜甫时，说杜甫很欣赏李白，评价李白的作品是"笔落惊风雨，诗成泣鬼神"，是李白的"粉丝"；但杜甫没有像现在很多崇拜偶像的人一样，成为另一个李白，于是问学生杜甫这样做的原因。学生兴趣大增，开始结合杜甫的生平经历、性格等方面进行分析，课堂的讨论气氛十分热烈。

教师要想用好幽默语言，自己必须是一个具有幽默品质的人。列宁说："幽默是一种优美的、健康的品质。"庄子云："水之积也不厚，其负大舟也无力。"精当幽默的语言是教师灵感的外现，是教师厚积薄发的结果。教师必须加强思想文化修养，丰富自己的语言。只有这样，教师才能让学生置身于优美的文化氛围、浓郁的语言环境中，使其受到教育和感染。

第二节 走近学生

学校教育是有目的、有计划、有组织地培养人。教师和学生的交流是由师生相互接触而开始的，它贯穿于整个教育活动。可以说，师生交流的成败，直接决定着学校教育的成败。学生的健全发展受到众多因素的影响，学生不只是生活在学校这个单一的空间内，他们还有其家庭生活和社会生活。教师只有走近、了解学生，才可能与之产生较为成功的交流和互动。

一、师生交流的特点

（一）交流要具有目的性

在教育过程中教师起主导作用。教师主动与学生交流，简而言之，其目的就是教书育人。具体来说，交流的目的则是因人而异、因事而异的。例如，引导学生形成文明规范的行为，以发展和提高学生的文明素养；辅导学生解决学习上的疑难，促进他们更快地提高学习效率等。

而在教育实践中我们发现交流的关注目的和赞赏目的有一些特别的价值。

1. 关注

有时交流只是为了传递这样的信息：老师正在关注着某个学生群体或学生个人。需要教师关注的应该不仅是优秀学生、学生干部，还有那些在某些方面存在明显弱势的学生。有时，一个鼓励、肯定的眼神，一次“无主题”的谈话，就能够让他们享受到获得老师关注的满足感和心理愉悦感。

2．赞赏

被人承认、被人赞赏是人的心理需求。对于学生而言，获得教师的赞赏更是一种普遍的心理需求。赞赏比关注更进一层，所起的积极作用更大。当一名学生会干部策划了一次有创意的活动，当一名学生找到了一种简捷的解题方法，当一名在某方面不太擅长的学生突然闪现出灵感，此时，教师真诚的赞赏无疑会给他们巨大的精神鼓舞。

（二）情感交流的对称与非对称性

如果交流是出自师生双方情感上的共同需要，这种交流从情感上来说，是相互对称的。然而，教师和学生之间，由于认知能力、心理素质、人文素养、学识（特别是学科专业知识）、经验、角色地位等方面的差异，必然会造成师生双方就某一具体问题所形成的交流愿望和兴趣，以及对交流信息的理解、交流通道的选择、沟通能力与技巧诸方面存在着非对称性。

师生交流的对称性，为交流的顺利进行创造了有利条件。而师生交流的非对称性特点，则要求教师在确定交流主题、选择交流途径、交流场所、交流的方式方法等方面必须充分发挥好主导作用，这与教育教学中教师的主导作用相一致。在这里，教师的主导作用就是要把交流的非对称性因素尽可能转化为对称性因素，这样才有机会取得好的交流效果。

二、师生交流的前提

教师要关心学生，就必须了解学生，而要了解学生，首先必须进入学生的情绪和思想中去，以学生的眼光去看学生的世界，以学生的心情去体会学生的心情，也以学生的思想去推理学生的决定，并有效地将这些感受传递给对方。这样的同理心能够使学生感到被理解与尊重，从而产生温暖感与舒畅的满足感，这种感受可以促使师生之间产生彼此体谅的沟通氛围。同理心是与学生进行良好沟通的前提，也就是换位思考。同理心的关键是教师能不能真正放下身段，站在学生的角度去考虑学生的困难和困惑。当教师不愿意设身处地为对方考虑，会使学生觉得老师不理解、不关心他，对教师的信任度降低，与教师的沟通就会停止；而老师则不能真正地接纳学生，容易对学生提出无益的指责与批评，从而也不能正确地对学生做出积极的回应。老师愿意见到的事实是学生通过老师有效的教育能够改正不良的习惯和错误思想，因此在教育过程中，老师与学生的换位思考是开启心智世界的钥匙，是教育效能产生的前提。一位教师要与学生交流、互动，并取得较好的教育效果，应做到以下几点。

（一）教师具有良好的道德修养

“学高为师，身正为范”，“正己然后正人”。在师生交流方面，教师首先必须具备良好的道德修养，成为学生的表率。有位高中班主任老师，每当第一次与所教的学生接触，总是响亮地提出：“向我学习！”他要学生首先在诸如不随地吐痰、不随手丢垃圾等“小事”上向他学习，努力做一个文明的人；他要学生每天按时作息，做到不迟到不早退，在日常事务上向他学习，努力做一个遵规守纪的人；他要学生对待学习像他对待工作那样有责任心，努力做一个对自己、对社会负责任的人。该老师请学生在高中的三年里监督自己，如果学生在任何时间、任何场合、任何地点发现了老师的不文明行为，老师甘愿接受学生的批评和惩罚。学生发现这位老师确实很注重师德修养，确实是学生的表率，于是越来越多的学生成了他的朋友，乐意与他交往。很多学生进入大学，甚至工作或出国后还与该老师保持联系。很难设想，一个师德修养不高的教师如何能与学生进行有效的教育交流。

（二）诚信当先

人之立足于社会，应以诚信为本。诚实、守信本是人们应有的品德，教师更应该具有这种品德。试想，你愿意倾听和相信一个不诚实的人所说的话吗？你愿意对一个不诚实、不守信用的人敞开心扉吗？

（三）热爱学生

“爱是教育的基础”“没有始终的真诚如一的对学生的爱，就没有教育”“亲其师，信其道”，热爱学生的教师，正是那些真正以生为本的教师。学生观察教师的情感、言行，不难看出教师是不是真的热爱学生。一位本身喜欢教育工作、工作责任心强、专业技能优秀、上课充满激情、对学生严格要求而又极有耐心、待学生公平公正的教师，应该是一位热爱学生的教师。因为某个学生考试分数偏低，拉下了班级名次而大动肝火的教师，很难说他是一位热爱学生的教师。热爱学生，是建立良好师生关系的前提。建立了良好的师生关系，深层次的有成效的师生交流才能成为可能。

（四）走近学生的生活

从多方面了解和研究学生是顺利进行教育工作的前提条件。为了能够与学生进行深入的交流、互动，教师必须走近与了解学生的校园生活，甚至应该了解学生的家庭生活和社会生活。只有全面深入地了解学生，掌握了学生的思想状况、个性特点，了解了他们的学习、生活情况和心理需求，才能从学生的实际出发，有效地进行深入交流。

教师走近与了解学生的主要方法有：

1. 观察

课内、课外，学习、生活，校内、校外都是教师观察学生的时机。教师应把多种场合的观察综合起来分析，以免得出片面的结论。

观察学生应该有目的、有计划地进行，要听其言、观其行，透过现象看本质。经过一段时间有目的、仔细地观察，积累分析材料，进行多方面验证，教师便可以掌握学生的基本情况。

2．谈话

有目的地找个别学生、班干部谈话，了解有关学生个体或者班级的基本情况，为以后的深入交流、互动奠定基础。谈话前，首先要有明确的目的，考虑好谈话的中心、采取的方式以及合适的时间等。在谈话过程中，教师要能够创设一种亲和的氛围，消除学生的思想顾虑，启发学生说真话。教师既要善于说，也要能够注意倾听学生的讲话。谈话过后，教师应把了解到的重要信息记录下来，与其他途径得到的信息对比分析，以得到对人对事的准确结论。

3．研究书面材料

学生的升学档案、学籍卡片、体检表、成绩单、作业本、笔记本、试卷，还有图书借阅登记表、电子阅览登记等，都记载或反映了学生的思想、学习、健康、兴趣爱好等方面发展变化的信息，是教师了解和研究学生必须掌握的基本材料，也是教师进一步深入了解和研究学生的基础。

4．调查访问

调查的对象除了学生以外，还可以是学生家长、街道（村）的干部和群众，同班的其他科任老师。调查的方式有个别访问、开调查会、座谈会等，也可以是书面调查。当今信息社会，网络自媒体也是可以加以利用的调查平台。

三、交流时间、地点与方式的选择

在交流的主题内容确定后，交流方式、交流场所、交流时机，都应是教师在交流的准备阶段应该设计好的。解决这些问题，总的原则可以概括为“因人而异，因事而异”，也就是说不应该有刻板的教条，教师可运用自己的智慧去“标新立异”。

（一）交流方式

如果只是解决个别学生的问题，一般而言应该进行个别交流；如果是解决学生的普遍性问题，则需要开展集体交流。一般情况下通常采用语言交流的形式。但对于某些特别的情况，也可以进行书面交流。有经验的教师还善于同时在个别活动和集体活动中与学生进行卓有成效地交流。

有时无须语言或书面的方式，利用动作交流就能够达到教育目的。有经验的教师在课堂教学中，发现某个学生走神了，不会去点名或者“对事不对人”地口头批评，以免破坏课堂气氛；而往往会采取目光交流或者“毫不经意”地走近该学生座位附近并稍作停顿，用动作向学生发出信息提醒学生集中注意力。

（二）交流场所

一般老师习惯在办公室和学生谈话，也有的学校有专门的谈话室供师生谈话之用。其实，师生交流场所的确定同样应该是“因人而异，因事而异”。进行个别交流时，交流场所的确定尤其应该注意遵循这一原则。

一般问题的交流以及和学生集体的交流，可以在教室或办公室等比较正式的场所进行；个别交流或是小范围的交流则要依据事情的性质、学生的心理特点寻找恰当的环境。例如，若谈话内容涉及不适合旁人听取的事情，就应该选择能够回避其他师生的环境。很多时候，防卫心理是人的本能。当学生可能产生较强的防卫心理时，有经验的教师会选择学校的草坪，或者和学生一起散步途中“不经意”地进行交流谈话。

（三）交流时机

把握合适的交流时机是师生交流顺利进行的重要保证。当学生可能产生较强的抵触情绪，或者学生情绪激烈的时候，最好冷处理一段时间，等学生情绪平静下来，能够客观认识问题时再与其交流。需要注意的是，教师自己生气、发火、情绪不稳定的时候，更要克制自己，在这个时候去批评学生是很不妥当的。

合适的交流时机不只是依靠教师去发现、寻找、等待得来的，更需要教师主动去创造。有位高中班主任老师，希望能够就学生的某个问题与她进行一次比较深入的交流，但这名学生心理比较封闭，很难与其深入交谈。这位老师有意找她的几个好朋友分别谈话，每次都“无意”地提到这名学生，赞扬她的品行，赞扬她的学习方法和独立思考能力；还谈到如果她能够克服某个弱点，发展前景将非同一般。几个好朋友陆续地把这些信息传递给她，这名学生逐渐产生了与班主任老师交流的愿望。能够深入交流的时机就这样被班主任老师创造出来了。

四、师生交流案例分析

（一）互动式师生评语

某高中二年级班主任何老师，热爱教育工作，热爱学生，深得学生信任，深受学生喜爱。高二开学后的第一次班会课上，只见何老师在黑板上写下了几个大字：书写高二学年评语。同学们甚感意外，听老师讲解后才明白，原来何老师是要改变由老师给学生写评语的“正统”方式，另出新招，具体操作程序就是由学生自己预先写出高二学年的预期性评语。上学期期中考试后，老师根据学生半个学期的行为表现对照评语写出点评意见，将点评后的评语发给学生让学生修改，然后收回。期末考试后，老师再次将点评后的评语重新发还学生修改。下学期，期中、期末如此循环，最终老师收回由学生定稿写出的学年评语。

第一次拿到老师点评后的评语，小刘同学看到老师是这样写的："老师非常赞赏我们的数学大王对自己定下的学习目标。要是你在自己勤奋钻研的同时，在班级带出几个新的数学大王来，那你这个大王的名声可就更响亮了。至于爱给同学取绰号讽刺同学的问题，已经明显改正了嘛，现在完全可以去掉这一条了。"同学们都像小刘一样，读了老师的点评心情愉悦，喜形于色。大家都相信自己能够做得更好，一个个都在修改稿中对自己提出了更高的要求，树立了更富有个性的奋斗目标。

学年结束，该班因为和谐向上、学习成绩优秀而被评为学校先进班集体。

点评：师生互动写评语本身可以说是一个创新之举，围绕这一主题开展师生互动式的交流当然大有文章可做。何老师用真挚赞赏的笔调，热情地肯定了学生的个性特长，巧妙地引导学生不断完善自我，努力向上。在这里，热情赞赏的语言、巧妙地引导是师生交流互动取得成功的两大法宝。

（二）乒乓球的打法

学生小龙学不好化学，但化学老师发现他打得一手好乒乓球。在一次课外体育活动时，化学老师意外地来到了乒乓球场地。学生们让老师上场打球，想不到老师还有两下子，两名同学接连败在了老师手下。该小龙上场了，只见他不慌不忙，灵活地接发球，很快就让老师连连失手丢分。过后，老师虚心向小龙同学讨教打乒乓球的秘诀，小龙同学把不同性能的球拍接发球的原理说得头头是道。老师感谢小龙同学的讲解，顺着原理的话题把交流引到学习化学上。老师对小龙说："别看化学知识零散繁杂，其实，学习的关键同样是要掌握几个基本原理，完全不需要死记硬背。"

自此之后，小龙在学习化学上改变了方法，从掌握原理入手理顺化学知识，寻找知识的内在联系，在老师、同学的帮助下，终于摘掉了“化学老大难”的帽子。

点评：由打乒乓球的秘诀引出学习化学的秘诀，足见老师匠心独运。走近和了解学生的生活，我们才能发现和创造合适的交流方式、交流场所和交流时机。

五、师生交流中艺术性语言的具体应用

（一）以理服人才是大能耐

俗话说，“有理走遍天下，无理寸步难行”，可见“理”的重要性。在师生交流的过程中，教师也要充分发挥“理”的作用，把话说到“理”上，以理服人。

有一位班主任接手新班级后的第一堂班会课是这样上的：他走进教室，将手中一张8开的白纸扬了扬，转身用透明胶将它固定在黑板上，学生们好奇地看着，猜测着——这位新班主任要干什么？

他先简单地做了自我介绍，然后对学生们说：“现在你们已经知道我是谁了，但是我还不认识你们，请你们用你们手中的笔——钢笔、彩笔或者毛笔，在这张白纸上写下你们的名字，无论用什么字体，只要让我知道你的名字就行。下面请按组的顺序一个个来。”

班主任始终微笑着，不做任何提示。还未写到一半，出现问题了：白纸要往下掉，这个问题很快得到了解决，几名学生飞快地用透明胶重新加以固定。但是8开的纸已经差不多写满了，后来的学生很难再找到空白的地方写下自己的名字，只好叠在其他名字上面。有学生提议，再用一张白纸，班主任既未肯定，也未否定。有一名学生将自己的名字分三处塞进了缝里，引得学生们

一阵哄笑。最后实在没办法添加了，剩下的几名同学只好用粉笔将名字写在黑板上。等都坐好后，班主任示意安静，然后说："同学们，很高兴认识你们，现在让我们来看这张白纸。"班主任说："五颜六色，美丽极了——但是，是不是有些凌乱？再有，你们每一个人都写下了名字，可为什么现在许多人的名字反倒看不清了呢？在白纸上写下名字很容易，但是大家在写的时候，是否考虑到了其他的一些问题？"

同学们面面相觑，不知班主任的用意。班主任继续说道："这张白纸就像我们的班集体，这一个个名字代表着我们每一个人；我们每一个人无论做什么，都要替别人想想。"班主任又指向白纸："开始写的同学，想到为后面的同学留下空白了吗？显然，你们没有！大家知道，用通常的方式来写，这张白纸能写下几百个名字！但如果只用自己的方式，而不考虑整体，那么这张白纸又能容纳几个名字呢？"

同学们似乎有些明白班主任的意思了。班主任继续说："刚才有的同学提议再增加一张白纸，这是有道理的，但是否可行？很多时候，机会提供给我们的舞台能有多大呢？增添一张白纸太容易，但是适合我们生存、发展的空间是不能无限扩展的。我们必须学会在狭缝中创造空间，在拥挤中谋取机会！我们可以寻求独立，但独立从来脱离不了各种各样的联系：与他人的联系，与社会的联系，与环境的联系。一味要求独行，结果只会一片混乱！"

"可喜的是大家并未忘记协作，走上讲台时大家井然有序，白纸要往下掉时，几名同学冲上前来加以贴牢。大家都想把自己的名字写在最显眼的位置上，但当没有空处时，没有人刻意将别人的名字涂掉，还有几名同学还委屈地将自己的名字写在白纸的外面……"这时，同学们会心地笑了，紧接着响起了热烈的掌声。

班主任又问："现在，谁能在这张纸上画一朵花出来？"没有一个学生站出来，他们也许在想：写满字的纸怎么能再画出花来？

于是班主任把纸揭了下来，铺在讲桌上，拿起一支彩笔，三下五除二画了一朵，再画了一朵。第一朵开在正面，第二朵开在反面。然后，高高举起："同学们，请看，刚才还凌乱不堪的纸面现在是不是焕然一新了？这花蕊、这花瓣将每个名字连在了一起，如此绚丽，如此精彩，我们每个人不都可以成为这朵鲜花的组成部分吗？只要齐心，只要我们努力，这朵花一定会常开不谢！"

"再看，"班主任把纸翻过来，"不要被眼前的混乱复杂迷惑了眼睛，机会是创造的，美丽也是创造的，在看似不可能中，我们也能有新的发现。很多时候，我们需要调转思维的方向！当纸的正面写不下时，为什么没有人想到在纸的反面写？这张纸的容量是可以很大的！正如我们这个班集体，如果分散，只是一些零碎的名字，但是如果团结起来，它的力量将是惊人的！"

"同学们，从今天开始，我们就要过一种全新的生活，无论以前怎么样，关键是要把握现在。只要用心，我们就能拥有馨香芬芳；只要用心，就能创造平凡之中的奇迹；只要用心，就能收获人生道路上完美的风景！"教室里掌声经久不息。

这个故事有点长，却非常生动，发人深思。作为一个接手新班级的班主任，怎样获得学生的认同，融入这个集体并使这个集体具有凝聚力，在同学们中间树立威信，并将自己对学生的要求与期望恰当地表述出来，从而达到鼓励激发同学们的学习热情和参与班集体建设的热情，这可不是一件容易的事。

首先，这位班主任构思新颖，创设了那样一种让同学们介绍自己的新方式，说话讲究技巧，结合自身的优势，在与学生交流时高屋建瓴，入情入理。

其次，班主任开始与学生交流时，不摆“师长”架子，而是营造一种宽松、民主、平等、和谐的气氛。如：无论用什么样的笔，用什么样的字体，只要让他知道名字就行。在同学们遇到一点点小问题时，既不干涉，也不给学生任何提示，只是会心地微笑，任学生自由发挥、自由表现。这既体现了班主任的自由、民主、平等的思想；又有利于学生展现自我，能够充分显露自己的优点、缺点；也便于老师后面的总结，阐述自己的观点。他针对学生的表现因势利导，循循善诱，话说在“理上”而不是闭目塞听，以“师长”自居，把自己的观点强加在学生的身上。

再次，这位班主任说话既指出学生的缺点，同时还肯定学生的优点，并就此引导他们向更高的方向发展。在指出错误时并不是“一箭穿心”，尖锐地批评，而是提出问题引发学生对自己行为的思考；在此基础上再举出具体事实，以事实服人，以理服人；并就此将自己对学生的要求与期望表达出来，使学生明白了在社会上在生活中要为别人着想，要在有限的资源中充分发挥自己的才能，与同学要和睦相处、团结协作。

总之，教师只要实事求是地面对教育对象，在和学生交流的过程中，以真诚的态度感染人，以满腔的热情感动人，以正确的途径引导人，才能收到以理服人的良好效果。

（二）循循善诱

特级教师于漪是上海市的中学语文教师，长期的教学实践和刻苦的钻研探索，使她积累了丰富的教学经验，取得了不凡的教学效果。于漪教学的一个最大特点就是善于诱导。正是有赖于这一点，她才能有效激发学生的求知欲望，这使她的课堂自始至终充满神奇的魅力。下面请看于漪的教学实录。

（上课铃响）

于漪：今天学习第十一课《记一辆纺车》。昨天请同学们预习了，说说看，你们喜欢这篇文章吗？

学生：（异口同声）我们不——喜——欢。（随堂听课的二十几位同志惊讶）

于漪：（感到意外，稍停，笑着说）“不喜欢？那就请你们说说不喜欢的原因吧！谁先说？”

学生：文体不明确，从题目看应该是记叙文，但里面有不少说明的文字，一会儿这，一会儿那，弄不清楚。

于漪：还有别的原因吗？

学生：我看是散文。

学生：散文有文采，吸引人。这篇文章干巴巴的，没有文采，不喜欢。

（有些同学点头表示同意）

学生：这篇文章是不是散文？老师，你喜欢不喜欢？（同学笑）

于漪：（笑）还有别的意见吗？（扫视教室。稍停）没有了。同学们敢于大胆、直率地发表意见，很好，这种风气要坚持、发扬。这篇文章是散文，与过去学过的散文既有相同之处，又有不同之处。过去我们学过的《荔枝蜜》《茶花赋》是抒情散文，托物言志，借景抒情。这一篇是回忆性的叙事散文，大家以前没有接触过，一下子看不出其中的奥妙，所以会不喜欢。叙事散文有叙事散文的特点，这篇散文托物言志见精神，好些段落写得别有意味，推敲推敲，你们就会喜欢了。

（学生全神贯注地听）

于漪：文章扣住“纺车”来写。纺车，对今天生活在大城市的我们来说，十分陌生。它是什么样子呢？请同学们看图。（出示绘制的纺车图画）这张纺车的画从“周总理纺线”的画片中仿制而来。纺车结构简单（指图说明），这是车架，这是轮子，这是锭子……

学生：车架上少画了一个螺丝。（大家注视）

于漪：（看图）对，你看得很仔细。就是这种普通的、结构简单的纺车，在革命战争年代，做出了很大的贡献！

请同学们自由朗读文章的第一节，思考回答：

作者对他使用的一辆纺车充满了怎样的感情？这种感情又是怎样来表达的呢？

学生：（自由朗读）

于漪：谁来回答？ ×× 说说看。

学生：作者对使用的纺车充满了怀念的感情，这种感情是用打比方的手法来表达的。

于漪：理解得对。作者对用过的纺车充满了深情的怀念，像怀念朝夕相处的旅伴，像怀念并肩战斗的战友。三个“想”，充分表现了车留心系，一往情深。作者用了一唱三叹的方法，叩击读者的心扉。

通过上面这段教学实录，我们知道，这堂课一开始，就矛盾突起，老师本以为学生会喜欢这篇文章，而学生却异口同声地回答不喜欢。事情出人意料，怎么办？于漪老师不避锋芒，因势利导。她首先激发学生说出不喜欢的原因，使学生畅所欲言，自己则从中了解学生的情况以便更好地对症下药。接下来，她对学生的大胆发言热情地给予肯定，并大力提倡这种善于思考、勇于发表意见的良好学风，极大地保护了学生的积极性，增进了师生之间的感情交流。

（三）模糊沟通法

古人云：“书不尽言，言不尽意。”也就是说，大千世界是纷纭万象的，而人类的语言能力则是捉襟见肘的，以语言的有限自然无法穷尽宇宙的无限，因而无法尽意的模糊语言就是一种客观存在。在生活中人们常常听到“只可意会，难以言传”“此种心情实在难以用语言形容”等说法，其实就是对语言局限的慨叹。于是，模糊的语言便频频“现身”于人们的口头耳际，这不仅仅是语言自身性质的体现，也是因为人们在语言实践中更发现模糊语言有其自身的独特妙处。这种妙处体现在模糊语言构成了一种具有弹性的语言结构，它措辞含糊，语义易变，显示出明显的伸缩性和变通性，因而在特定的场合使用可以获得特别的效果。

一位新来的班主任，给学生上劳动课，可这个班的同学却被少数几名学生操纵着。当老师布置劳动任务后，全班竟然没有一名学生离开教室去完成老师布置的劳动任务。这时，老师说了下面一段话：“今天的劳动任务是必须完成的……我不相信哪名同学这样害怕劳动，我也不会相信一名正义、勤奋、积极追求进步的同学会由于某种不良的外力而竟然不敢履行自己神圣的职责和义务。”接着，他分别提出：

愿意维护团徽荣誉的团员同学，请率先离开教室。

要求保留干部资格的班干部同学请离开教室。

愿意追求进步的和不愿意与我这个新班主任对着干的同学，请离开教室。

说完，学生一批接一批地走出教室参加了劳动，就连平日在班上起操纵作用的那几名学生也跟着走出了教室，到了工地。

作为工作方法，这是一种化整为零、分而治之的方法，但从课堂语言来说，却是模糊语言的巧妙运用。首先，用两个“不相信”与“哪名”“一名”相搭配，构成两个模糊判断，而把其中少数学生的操纵作用只说成是“某种不良的外力”，两者既有所区别，又极有分寸。然后，根据不同的学生提出不同的要求。这些要求的内涵是明确的，甚至是硬性强制的，但适应的对象却是模糊的，可做选择的。为什么那几个在班上起操纵作用的学生也会跟着走出教室呢？因为第三条同样适应他们。可见这几条要求所具有的弹性范围。

教师就是这样利用语言的模糊性施展教育与教学的策略。批评学生，不点名道姓，而是说“某同学”“个别同学”“少数同学”“极少数同学”；说到事实时，用“不良习气”“不文明行为”“令人不愉快的事”等等，这样给学生留了面子，不至于造成对立情绪。在教学中，也经常用“一些”“某些”“某方面”“从某种意义上说”“从某一个角度来理解”等词语，既避免绝对化，又留给学生思索的余地，如此等等，模糊语言的不确定性所带来的表达上的灵活性、多样性、暗示性，不仅给教师提供了施展语言策略的天地，也给学生留下了领略会意的空间。

模糊语言是由模糊词语和模糊言语构成的。模糊词语反映的是客观世界所具有的模糊性的一个方面，因此它具有客观性。常见的有那些表性态、表程度、表范围的形容词和副词，如美、丑、高、矮、胖、瘦、粗、细、长、短，比较美、很美、特别美，一部分、大部分、绝大部分、一段时期、长时期、相当一段时期等等。这类词语外延界限不确切，所表达的意义都没有确定的界限，所反映的客观事物都存在一个明显的中介过渡。模糊言语是指人们使用语言时巧妙地运用模糊词语或模糊手法造成模糊效果所形成的话语，具有主观性和技巧性。

在课堂教学中，一方面，教师运用模糊词语准确地讲授教学内容，体现出严密的科学性，例如下面一段话：

“我们发现某一类事物中有许多对象都具有某种性质，并且没有遇到相反的情况，我们就可以推断这类事物全体都具有这种性质。例如我们知道铜能导电，铅能导电，金、银、铁也能导电，铜、铅、金、银、铁都是金属，我们又没有发现某种金属不能导电，于是可以推断：所有的金属都能导电。又如人们在不同的地方、不同的时间看到乌鸦都是黑的，并且没见过别的颜色的乌鸦，于是得出结论：天下乌鸦一般黑。这种以对一类事物中部分对象的判断为前提，推出关于这类事物的一般性的结论的推理方法叫作简单枚举法。”用模糊词语表达运用简单枚举法得到的结论，收到了精确词语难以达到的效果。

另一方面，教师还特别注意巧妙地运用模糊词语和模糊技巧造成模糊效果，从而体现出教学语言的生动、机智以及启迪性。例如，辽宁特级教师魏书生在课堂中说的一段话：

“……幼时觉得极高的滑梯，现在看上去几步就能到顶；幼时觉得很高的假山，现在几步就能跃上去；幼时觉得很宽的街道，现在觉得竟是挺窄的里弄……之所以会产生认识上的差异，是我们长大了，眼界高了，是因为我们自己改变了。昨天难办的事情今天会极为顺手，昨天的对手今天可能成为助手，昨天的惆怅今天转化为喜悦，昨天的失败今天会转化为胜利……改变了自己，你会觉得，世界更可爱，水比昨天清，花比昨天艳，天空看起来都比昨天要蓝。”

这段话内涵极为丰富，富有哲理性，能使学生从中悟出一个道理：要用发展变化的眼光看待自己，看待周围的一切事物。教师在说这段话时，除使用了大量的模糊词语之外，更为重要的是使用了类比的手法，就是将学生各种熟知的生活现象和心理变化与当前所遇到某种困惑做了多角度、多层次的比较，这种比较只能说是类似的，教师只能做整体的模糊把握，只能做非定量定性的非逻辑的体味，因而无论是从表现手法来看，还是从思维状态或者从产生的效果来看，都具有极大的模糊性。

除了类比，教师还使用比喻和象征的手法。例如，一位大学的德育教师跟学生进行了下列对话。

学生问：“作为一位大学的德育教师，您对您和您的同事所从事的思想政治工作有何评价？”

教师答：“我们是种树人，本来可以选择在屋后种瓜种豆，这样会有很可观的收入；也可以选择庭院前种花种草，这样会使人赏心悦目而没有矛盾。但是，我们走出书房，选择了种树，在风沙中垦荒，在雨雪中种树。种树者往往是不留名的，但种树者是问心无愧的。不过，我们有时也因为护树需要种一些‘刺’。”

这里，教师把从事政治思想工作比喻为“种树”；把从事其他工作比喻为“种瓜种豆”“种花种草”；把做思想政治工作的艰辛喻为“在风沙中垦荒”“在雨雪中种树”“护树”；把在工作过程中所给予的必要批评或惩处喻为种“刺”，等等。在整段讲话中只有喻体，没有实体。这段对思想政治工作的评价，不但不空泛，反而非常全面，非常贴切。然而仔细琢磨，“种树”和做思想政治工作，“种树人”和思想政治工作者，真会是一码事吗？两者之间同样只存在某种层面上的相似性。正如亚里士多德在《诗学》中指出的：“善于使用隐喻字表示有天才，因为要想出一个好的隐喻字，须能于不大相似的事物中看出它们的相似之点。”比喻的客观依据就是事物之间的模糊相似关系，象征亦然。

类比的手法、比喻的手法、象征的手法，都根源于模糊。类比的喻体、象征体与实体之间呈现出“亦此亦彼”“似与非似”的状态，其共同的目的在于明理。所以能明理，就在于强化“似”，淡化“非似”，强化的结果是“具象”，造成鲜明的形象感，让学生在形象的驱使下进入理性思维。一般地说，学生在接受教师运用类比、比喻、象征的手法所讲述的语言时，往往都做了“二次性理解”，即在理解语言的表层意义的基础上去理解语言的深层内涵。值得注意的是，教师在使用这些手法时，常常遇到个别学生钻牛角尖，提怪问题。例如，一位年轻的女教师在讲《从百草园到三味书屋》时，讲到“美女蛇”，一名学生举手问：“老师，有美男蛇没有？”之所以出现这种现象，除了别的原因之外，最根本的原因就在于理解比喻的表层意义时，强化的不是相似点，即美女与迷人的外表相似；而是由“女”想到“男”，从而阻塞了对这个比喻的深层内涵的理解。类比、比喻、象征等手法在课堂教学的价值，除了具体、形象，便于为学生所接受所理解之外，还在于“二次性理解”所留给学生的想象与思维的弹性空间。

总之，课堂教学中需要模糊语言，巧妙地运用语言的模糊性是一种极好的教学手段。美国加州大学教授格·哥根指出：“描述的不确切性并不是坏事，相反，倒是好事，它能用较少的代价传递足够的信息，并能对复杂事物做出高效率的判断和处理。也就是说，不确切性有助于提高效率。”

第三节　用赞赏的眼光看学生

美国心理学家威廉·詹姆斯曾深刻指出：“人性最深层的需要就是渴望得到别人的欣赏和赞美。”莎士比亚说：“赞美是照在人心灵上的阳光。”中小学生的成长，需要教师和家长的教导与呵护，更需要教师和家长的赏识、赞美和鼓励。

苏霍姆林斯基、陶行知、威廉·詹姆斯等教育前辈是赏识教育思想的倡导者和先行者。苏霍姆林斯基认为：“作为教师，除了关心爱护学生外，还应该学会尊重、赏识学生，如同赏识自己的职业一样，让学生沐浴在赏识的阳光下。”他强调：“请记住：成功的欢乐是一种巨大的情绪力量，它可以促进儿童好好学习的愿望。请你注意，无论如何不要使这种内在的力量消失。缺少这种力量，教育上的任何巧妙措施都是无济于事的。”我国老一代教育家陶行知先生有一个“四块糖果”赏识教育案例，成为我国赏识教育的佳话和典范。

当时陶先生任育才小学校长。一天，他发现学生王友用泥块砸同学，他当即斥止了王友，并令他放学时到校长办公室。放学后陶先生来到校长室，见王友已经等在门口。陶行知立即掏出一块糖果送给他：“这是奖给你的，因为你按时来到这里，我却迟到了。”当王友怀疑地接过糖果后，陶行知又掏出一颗糖果放到他手里：“这也是奖给你的，因为当我不让你再打人时，你立即就住手了。”接着，陶行知又掏出第三块糖果塞进王友手里：“我调查过了，你砸他们，是因为他们欺负女学生。这说明你很正直，有跟坏人做斗争的勇气。”王友哭了：“你打我两下吧，我错了，我砸的不是坏人，是我的同学啊……”陶先生满意地笑了，他随即掏出第四块糖果递过去：“为你正确认识错误，我再奖励你一块糖果……我的糖果发完了，我看我们的谈话也该完了。”

美国哈佛大学心理学教授霍德华·加德纳博士通过多年的大量的研究，突破传统的智能一元理论的束缚，提出了“多元智能”理论。他认为人的智能是以相对独立又相互关联的多元形式存在的，判断一个人的智力发展程度要看个体解决实际问题的能力，生产和创造为社会所需要的有效产品的能力。他将人的智能分为八种类型：语言文字智能、数学逻辑智能、视觉空间智能、身体运动智能、音乐旋律智能、人际关系智能、自我认知（内省）智能、自然观察智能。他认为每个正常儿童都有这八种智能，只不过是这八种智能中的强项弱项各不相同，发展亦不平衡，只要努力发掘并发展儿童的智能特长，扬长补短，每个人都能成为社会的有用人才。他强调，用多元智能的眼光看，每个儿童都有“天才”的潜质。多元智能理论，也为赏识教育提供了思想和行动上的强有力的指导与支持。

近年来，“赏识教育”和“多元智能”理论逐渐成为我国教育界的“主旋律”，许多教师和家长把赏识教育和多元智能理论作为最为重要的教育思想方法进行积极实践，取得了良好的教育教学效果。作为当代教师，应该树立“赏识教育”和“多元智能”的理念，学会运用好“赏识教育”的方法。

一、树立“赏识教育”观念

中国的传统教育，把学生的学业分数作为评价学生的主要标准，认为高分的学生就是能力强，就是人才，使得许多极具发展潜力或独特才能的学生失去了展现自身才华和突出发展的机会。在了解了加德纳的多元智能理论之后，我们应该明白，有些学生学习成绩差，除了自己学习兴趣不浓、努力不够，另外的原因可能是某些智能方面相对不够发达。而这部分学生，往往在其他方面却有突出的天赋，只是在唯分数论的标准下，这些突出的天赋被抑制或埋没。如果这些学生在老师的赏识激励下，其潜在智能得以充分发掘和发展，他们中的很多人将会成为企业家、发明家、艺术家、外交家、教育家、作家、工程师、体育健将……成为社会的拔尖人才。钱锺书在报考清华大学时国文、英语得了满分，而数学却是零分，被破格录取，但数学的零分并没有影响他成为一代思想家和文学巨匠；陈景润在语言文字方面显得有些低能，但数学逻辑智能的长处使他成为世界著名的数学大师；南京的聋哑儿童周婷婷尽管两耳失聪，但在赏识教育的激励下，4 岁多学会了说话，其后成为一名发展突出的优秀学生，以优异成绩完成了小学和中学的学业，24 岁成为美国波士顿大学的特殊教育博士……

每个学生都有其智能的长处，都有个性品质等方面的闪光点，关键在于教师能否发现和赏识。教师首先要改变传统的教育教学观念，真正树立赏识教育、多元智能的理念和“不求人人高分，但求人人发展”的多元发展观和新型的能力观、人才观、评价观。教师应从多元视角去赏识学生，柳树婀娜多姿，不必追求杨树的挺拔；茉莉芳香宜人，不必追求牡丹的艳丽。因为这些要求是毫无道理的。在教师的心目中，应该没有“差生”这一概念，要相信所有的学生都能够成为有长处的优生，都能够取得符合自身特色的良好发展。这时候，教师去赏识他们，不再是千人一面，而是具有鲜活个性的、丰富多彩的一个群体，教师的教育感受也将是快乐的。

“赏识你的学生，相信每一个孩子都是天才，欣赏学生的长处，肯定他们的每一个细微进步，让他们不断体验成功的喜悦，找到学习的快乐和自信，并真诚地帮助他们，那么奇迹就会发生……”赏识所有的学生，不仅应作为教师的教育思想，还应成为教师的一种常规教育方法和手段。

二、如何做到赏识学生

“赏识”这个词，《现代汉语词典》（第 7 版）给出的解释是：“认识到别人的才能或作品的价值而予以重视或赞扬。”这就告诉我们，每一位教育者都必须首先认识到学生的才能或优点，然后再予以重视、肯定和赞扬。也就是说赏识学生并非“拿到篮里就是菜”，也不是胡乱指着学生的某一言或某一行大加赞扬，而是针对学生的特点和行为进行赏识。赏识是一种思维视角，即用赏识的眼光看世界，是一种做事情总往好的方面想的积极思维方式，同时它又是一种欣赏的心态。赏识是一门学问，一门艺术，是教师的一门必修课。赏识教育就是在这种心态和思维方式指导下的一套教育理念。教师应通过不断钻研、深入学习、认真体会、不断积累来掌握赏识这一有效手段，并在适当的时机、合适的场合发挥其最大的作用。那么，在日常的教学中该如何做到赏识学生呢？不妨从以下几点入手：

（一）找到学生的闪光点

要赏识学生，首先是要发现学生言行的闪光点和潜质特长。教师只有在教育教学活动中仔细留意观察学生，全方位深入学生之中，更多地“零距离”接触学生，更多地关爱学生，与学生互动互信成为朋友，才能更好地了解认识学生的长处和潜质。除了留意教育教学过程，与学生交谈（谈心），向家长或同学间侧面了解等方式，教师积极参与学生的各项活动（包括休闲娱乐活动）也是十分必要的观察了解途径。当然，融于学生之中与学生互动只是形式，教师更应着眼于随时随地留意观察思考“这个学生有哪些优点，在哪方面更聪明更能干”，否则，了解认识学生是空洞的，赏识学生只会是“纸上谈兵”。

赏识学生，教师一定要有每个学生都有闪光点和发展潜质的意识。著名特级教师魏书生在谈到他的“赏识观”时，颇为感慨。对于即将毕业的初三或高三的学生来说，其学习的紧张程度可想而知。可无论哪所学校，总有部分“后进”的学生让老师们头疼不已。由于不爱学习，他们多次受到老师的批评甚至讽刺、挖苦。魏书生认为，这些学生面对自己不感兴趣的学习内容，尤其在自己听不懂也听不进去的情况下，还能坚持每天背着书包上学并肯坐在教室八九个小时甚至更长的时间，这本身就很了不起，说明他们身上有着坚韧不拔的毅力！也正是由于魏书生善于从缺失处寻找学生的闪光点，因而使具有不同特点的学生都很喜欢并敬重他，从而促使学生愿意去努力进取。

（二）赏识从“心”开始

育人之道，爱心为先。赏识学生就是用心灵感动心灵，用信心点燃信心，用希望托起希望，用真情激发奋进！只有得到教师真情实意的赏识，学生才可能从情感到行为对教育产生积极响应。

首先，教师的爱心是赏识教育的原动力。苏霍姆林斯基把老师热爱学生视为“教育的奥秘”，他的座右铭是“把整个心灵献给孩子们”。他认为师爱是教师发自内心地对学生关心、爱护、尊重、信任、期望、赏识以及尽责的美好情感，当学生感悟到这种师爱后，便会激发出积极向上的热情，从而达到良好的教育效果。有爱才会有赏识的喜悦。正因为有赏识的喜悦，所以教师对教育、对学生才可能有爱的情感。教师倾注了爱，才会充满热情地从事教育工作，而不仅仅把教育当成一个职业或是一种谋生的手段；才会理解、接受、运用“赏识”这一有效的教育手段，用伯乐的眼光去发现学生的闪光点，欣赏学生的想法和行为，对教育对象充满信心和爱心；才会以宽容之心对待学生，正视学生身上存在的缺点和不足，才可能有追求每个学生更好发展的精神和行为。

一方面，教师对学生的赏识应该是真心诚意、真实恰当的，不能让学生感觉到是牵强的、流于形式的做作，甚至是虚情假意的。如果老师刻意地追求赏识，不管学生做得好坏，一味地表扬，特别是有些老师的表扬没有针对性、太过泛滥，就会给学生造成一种假象，认为老师的表扬太虚假，为了讨好学生而惺惺作态。所以教师不能为了夸奖而夸奖，只有在事实基础上生发的发自内心的赏识才会产生感情的共鸣，才会产生真正的力量。

某中学初二年级某班有一个比较调皮难缠的学生，多少任课老师磨破了嘴皮子，可他就是油盐不进、不思改正。班主任老师急得六神无主，后来听取他人的意见改变了教育方法，一改过去的反感态度，频频表扬这名学生。一开始，这名从未受过表扬的学生很感激老师，也收敛了好一阵子，可后来发现老师的言语之中透露出不以为然的神色，表扬似乎在走过场显得很勉强，夸奖自己的语气也和夸奖别的好学生大不一样。这样一来，孩子觉得受到了欺骗，就不再买老师的账了。

另一方面，教师要鼓励学生勇于表达自己的真实情感，对那些能说出独立精神体验和个性实话的学生，教师应给予充分肯定与赞赏。教师要懂得珍惜和呵护学生纯真的感情，因为那是学生道德情感的萌芽，是学生产生优良品德的根本。

（三）赏识要有针对性

赏识褒扬学生要准确、恰到好处，要有针对性，不要滥用，不要过度，不要夸大和缩小。

卡尔·威特是19世纪德国的一位天才。他八九岁时就能自如地运用德语、法语、意大利语、拉丁语、英语和希腊语等六种语言，并且通晓动物学、植物学、物理学、化学，尤其擅长数学。9岁时他进入了哥廷根大学，年仅14岁就被授予哲学博士学位，16岁获得法学博士学位，并被任命为柏林大学的法学教授。

卡尔·威特能取得这番惊人的成就，并不是由于他的天赋有多高超——恰恰相反，他出生后被认为是个有些痴呆的婴儿——他的成就完全是因为他的父亲教育有方。卡尔的父亲把对小卡尔长到14岁以前的教育经验写成了一本书，这就是在世界教育史上产生重要影响的《卡尔·威特的教育》。书中说：“我对卡尔的夸奖并不是随意确定的。如果太随意，他就无法明确地知道我因为什么行为夸奖他。我总是在他表现出良好行为时给予夸奖，并且告诉他是因为什么而得到夸奖。”“如果当他学会了新的行为，并且理智地去实施这一行为时，我不是每次都给予夸奖，而是采取适当拉长夸奖的时间间隔，实施间断性或者随机性的夸奖，这种夸奖要让他感到意外。”

仔细读这两句话不难看出，夸奖的目标是行为，并且是孩子已经实施了的行为。教师对学生的赏识要正确客观地分析学生情况，要了解学生的身心需要，了解学生的心理状态，根据真实需要进行表扬、鼓励。不能为达到某种目的而牵强地赏识，这不仅对学生本人起不到真正的激励作用，而且会影响周围的学生，让他们感觉到赏识的虚伪，失去对教师的信任。同样，赏识不能过度，这样会导致学生对自己认识不足，从而产生自满自傲的心态，稍遇不顺就会一蹶不振。

在我们的教学中，也经常会碰到这样的事情：学习很吃力的学生一旦有了些许进步，老师们就会打心眼儿里高兴，总觉得这样的学生受一次表扬很不容易，免不了重重地夸奖一番，结果就忘了度的问题，容易夸大其词。表扬过了头，就容易使学生觉得不费劲儿就可以得到褒扬，这样并不能激发其以后进取的干劲。而好学生有了进步呢，老师就会认为好学生嘛，有了进步那是应该的，所以褒扬就会轻描淡写，缩小夸奖的力度，这样就会使好学生觉得自己努力了也不过如此，以后就会降低对自己的要求。所以，在对待学生的进步问题上，一定要做到准确地表扬，让他们清楚地知道自己为什么受到表扬，该受到什么样的表扬，以帮助他们持续不断地提高自己。

（四）赏识要及时、恰当

学生表现出了进步，教师最好在当时当地给予表扬，使学生及时得到老师的赏识。如果时过境迁，脱离了当时的氛围，就会大打折扣，降低褒扬的作用。赏识教育是每个孩子成长中不可或缺的阳光、空气和水。赏识教育从两个方面达到教育目标：一是从外到内，营造环境，正向激励；二是从内到外，激发内因，完善自我。作为教师，褒扬学生要不拘一格，因时因事而异，充分发挥赏识的真正作用。同时，赏识要因人的性格不同合理操作，例如对胆小的学生要多肯定、鼓励；对调皮、好动的学生，既要适当赏识又要多提奋进的新要求，克服不足之处。

（五）赏识要持之以恒

赏识教育是一项系统工程，短时间内可能收不到成效。一些教师的热情不能持久，当付出劳动却不见成效时，就恢复了原来的教育方式。实施赏识教育尤其要有耐心、信心、恒心。教育是一门爱的艺术。教师的赏识可以影响学生的一生，要给学生多点宽容少些训斥，多点关爱少些冷漠，多点欣赏少些打击。这样，教师的宽容、关爱与欣赏才会让每个学生获得健康成长。

表扬、肯定学生要经常，要持久。赏识从本质上说就是一种激励。威廉·詹姆斯通过研究发现，一个没有受过激励的人仅能发挥其能力的20%~30%，而当他受到激励后，其能力是激励前的3~4倍。因而在学习过程中，激励的存在至关重要。另外，学生的优点或良好的学习、表现习惯的养成是一个长期的过程，而学生在一次表扬中获得的收获可能十分有限，因此，教师表扬学生不能偶尔为之，要不断发现，不断褒扬，不断激励。

很多时候，教师对学生的“赏识”往往停留于一事、一时的褒奖与激励，学生身上的闪光点很少被提至促进终生发展的高度去强化和发扬，他们也很少有这方面的自我反思与独立思考。另外，部分教师对“差生”的教育一开始总是热情较高，但当付出一定劳动而得不到预期回报时，就开始失望，开始怀疑学生的能力，甚至对学生挖苦、讽刺，从而挫伤了学生的自尊心，降低了学生的自我评价，并对学生的自信心产生极大的负面影响。所以，作为老师，我们对学生的赏识教育要有耐心、有信心，从学生终生发展的角度考虑问题。

第四节　激励的艺术

激励，是教师充分调动学生积极性和创造性的重要方法和技巧。教育工作是一门艺术，激励则是教育艺术的核心。正确运用激励艺术，已经成为衡量教师水平高低的重要标准之一。因此，教师学习激励方法，掌握激励艺术，既是新时期提高教师水平的必然要求，又是当代教育者必须具备的基本技能。

一、激励在教育中的地位与作用

（一）激励是重要的育人方法

据《辞海》解释，“激励”的意思是“激发使振作”，即“振奋，奋发”。通过激励，在某种内部或者外部刺激的影响下，使人始终维持在一个兴奋状态中。从广义而言，激励就是调动人的积极性；从狭义而言，激励就是一种刺激，是促进行为的手段。

教师激励，就是教师遵循人的行为规律，运用物质和精神相结合的手段，采取有效的方法，最大限度地激发学生的积极性、主动性和创造性，以保证学习目标的实现。激励是对人们内心活动状态的一种激发，具有推动并引导行为的作用。当今时代，教师们从来没有像今天这样面临空前的压力和挑战。一位出色的教师，必须具备推动事业发展、带领学生前进的各种能力，如决策能力、动员能力、激励能力、组织协调能力、开拓创新能力等。

教师应学会用艺术的方法来激发学生的学习潜能，提高其学习的积极性、主动性和创造性，鼓励平凡的人做出不平凡的事。

（二）激励是教师的重要任务

行为科学告诉我们，一个人的工作业绩不仅取决于他的工作能力，而且要看他的工作动机被激发的程度。每个人所拥有的能力和他在工作中发挥出的能力是不等价的，人所拥有的能力被称为潜在能力，人在工作中展现的能力被称为发挥能力。人在不同的工作状态下，发挥出的才能是不一样的。一个人能力的发挥，在很大程度上取决于外在的激励。在现实生活中，我们常常可以看到这样的情况：能力一般的人常常会取得不俗的成绩，甚至能力差的人还有可能比能力强的人做得更好。在教育过程中也是如此。教师如果能恰到好处地运用激励艺术，往往就会收到意想不到的激励效果。因此，教师的重要任务之一就是用激励方式最大限度地提高学生的学习积极性，发挥学生的能力。

二、教师激励的艺术

一位优秀的教师要有调动学生积极性的能力。激励不仅是重要的教育和管理手段，而且是一门高深的教育和管理艺术。教师对学生的激励，会使他们发挥更大的积极性和创造性。激励的方法虽然多种多样，但大体上可划分为如下几种：

（一）目标激励法

心理学家弗鲁姆在《工作与激励》一书中认为，目标对一个人的动机激发有一定影响，而这个激发力量的大小，取决于目标价值和期望概率两个因素。其公式是：激励力＝效价 × 期望概率。弗鲁姆激励理论的基本点是：在任何时候，一个人从事某一行动的动力，将取决于他们行动之全部结果的预期价值，乘以那人预期这种结果将会达到所要求的目标的程度。心理学认为，期望是心理需要的一种表现形式，与需求有着密切的关系。当人们有了某种内在的需要，就会用行动去实现目标，以满足需要。目标激励就是通过目标的设置来激发人的动机，引导人的行为，使被管理者的个人目标与组织目标紧密地联系在一起，以激励被管理者的积极性、主动性和创造性。

目标是行动所要得到的预期结果，是人之需要的满足。目标本身是行为的一种诱因，具有诱发、导向和激励行为的功能。目标和需要一起调节着人的行为，把行为导向一定的方向。因此，适当地设置目标，能够激发人的动机，调动人的积极性。

目标对学生有吸引力，它才会起到调动积极性的作用，所以目标应该是学生认同的、具体的，并有适当难度。教师要对学生进行学习目标和意义的教育，使学生认识到：学习的最终目的是自身的发展，一次或几次考试不是评价成功与否的唯一标准。让学习成绩差的学生克服自卑感，重新正确认识自己，并采取适当的激励措施，激发他们学习的积极性。

（二）形象激励法

形象激励，主要是指教师的个人形象及教师的思想和行为对被教育者能够起到明显的激励作用，从而推动各项教育工作的开展。教师的一言一行往往会影响学生的精神状态。教师形象是好是坏，学生心中自有一杆秤。如果教师要求学生遵守的，自己却违背了；而要求学生做到的，自己总是做不到，他的威信和影响力就会大大降低，他的话就会失去号召力。学生会在表面上服从，而背后投以鄙夷的眼光。教师只有以身作则，公道正派，言行一致，爱岗敬业，平易近人，才能得到学生广泛的认可和支持，才能有效地督促学生保证学习目标的实现。因而教师应把自己的学识水平、品德修养、工作能力、个性风格贯穿于处世与待人接物的行为之中。

现代心理学家把模仿看作人格完善的重要因素。实践证明，榜样的力量是巨大的，它是一面旗帜，具有生动性和鲜明性。榜样的说服力最强，最容易在情感上与人产生共鸣。

（三）情感激励法

情感，是人们的情绪和感情，是人对客观事物所持的态度。它是在生产活动中产生的，又对人的生产活动产生巨大的反作用。情感激励既不是以物质利益为诱导，也不是以精神理想为刺激，而是指教师与被教育者之间的以感情联系为手段的激励方式。教师和被教育者的人际关系里既有社会规范的成分，也应有情感成分。人的情感具有两重性，积极的情感可以提高人的活力，消极的情感可以削弱人的活力。重感情，讲情谊，是当前学生的显著特点，教师应以良好的情感去感染学生。沟通情感，建立情谊，是教师进行思想教育的重要方法和基础。

一般来说，学生学习热情的高低，同教师与学生的交流多少成正比。古人云，“士为知己者死，女为悦己者容”；“憾人心者，莫过于情”。有时教师一句亲切的问候，一番安慰的话语，都可成为激励学生行为的动力。“亲其师，方能信其道”，就是这个道理。这里的首要要求是教师具备良好的道德水平、业务能力、品行修养和丰富的阅历。与学生进行情感交流的方法主要有二：一是靠说，以理服人；二是靠情感，以情感人。当代教师不仅要以理服人，也要以情感人。要舍得情感投资，重视与学生的人际沟通，变单向的工作往来为全方位的立体式交往，在广泛的信息交流中树立新的教师行为模式。教师可以在无拘无束、学生没有心理压力的交往中得到大量有价值的信息，从而增进师生之间的了解和信任，真诚地帮助每一名学生，促使班级内部产生一种和谐与欢乐的气氛。

（四）信心激励法

很多时候学生可能对自己缺乏信心，不能清楚地认识和评价自己，不清楚自己的优势和劣势以及实现目标的可能性有多大。此时，学生需要自己信赖的、尊重的、敬佩的人的鼓励。而来自老师的鼓励则最为可贵，它意味着老师会给自己提供成功的机会和必要的帮助，这无疑会激发学生的需要，激励学生努力进取。此时，教师应努力帮助学生树立“人人都有长处，人人都能成才”的信心，让学生看到希望，扬起理想的风帆。学生有了信念、动力和良好的心态，就能迸发出巨大的创造力。

（五）责任激励

责任激励是动机产生的重要条件和因素。当今的学生更多地注重自己的需要和索取，而忽视对他人和社会的责任及义务。针对这种思想实际，要让学生明白：人生的过程，就是一个不断担负责任并履行责任的过程，人活着，必然有责任在身。而学生的责任，就是不断学习，争取上进，努力使自己全面发展，以无愧于自己、父母、老师和社会。教师在这种思想的指导下，检查他们的作业、考试、自习、卫生、课间操等各方面的表现，并给予公正、客观的评价，从而使他们的自尊心得到满足，这是调动学生积极性的重要方法。例如，有一些平时学习成绩较好但考试临场发挥差的学生，他们平时内向，不敢出头，心理素质差。对这样的学生，教师应采取什么措施呢？教师可与其他科任老师共同协商，上课时多提问这些学生，给他们在众人面前讲话的机会。同时，多给他们创造机会，如让他们担任课代表、小组长等职务，逐步使他们得到锻炼。

三、教师运用激励的原则

在激励中，教师应注意正确把握以下原则，提高激励的效果。

（一）精神与物质激励相结合

物质需要是人的基础需要，衣食住行等条件的改善，对调动人的积极性有着极为重要的意义。人不仅有物质的需要，还有名誉、地位和成就等方面的精神需求。原北大方正总经理王选曾说：“只对员工进行物质激励，忘掉了精神激励，这是害民政策；反过来，只进行精神激励，没有物质激励，这是愚民政策。不害民，不愚民，就要做到物质与精神相结合。”物质激励是基础，精神激励是根本。在现实工作中，教师既要重视精神激励，又可结合物质激励，并把两者有机地结合起来。一个小小的笔记本，一支笔都可能激发起学生学习的热情，使其扬起前进的风帆。

（二）具体情况具体分析

激励的目的是为了提高学生学习的积极性。影响学生学习积极性的主要因素有学习基础、学习目标、教师行为、个人发展、人际关系和学习环境等。教师要因人而异地根据学生的类型和特点制定激励措施。如在学习上较自觉的学生一般比较注重自我价值的实现，对这些学生已取得的学习成果，老师要及时地鼓励，看重他们精神方面的满足，例如对其进行重点培养、提出高标准要求等。因此，教师在制定激励措施时一定要考虑到学生的个体差异，这样才能收到最大的激励效力。

（三）正激励与负激励相结合

所谓正激励，就是对学生的符合组织目标的期望行为进行奖励。所谓负激励，就是对学生违背组织目的的非期望行为进行惩罚。正负激励都是必要而有效的，不仅作用于当事人，而且会间接地影响周围的学生。教师激励学生必须坚持以正面激励为主，应通过积极的、正面的激励保持学生队伍的蓬勃朝气、昂扬锐气和浩然正气。

第五节　表扬与奖励的艺术

苏霍姆林斯基在谈起教育技巧时说：“教育者与自己教育对象的每次接触，归根到底是为了激励对方的内心活动。”教育事业是爱的事业，爱心在教育教学活动中发挥着核心的作用，是教育活动的基础。表扬和奖励是教师激励教育的金钥匙，表扬是洒向学生心田的甘露，奖励是学生奋进的催化剂。

表扬是认同的一种重要方式，学生在成长过程中，有的受表扬多一些，被人认同感、成功感容易满足，往往容易进一步取得成绩；有的受批评多，特别是一部分缺点多的学生，不管在家里还是在学校，可以说极少获得表扬，久而久之，他们就失去了上进心和自我认同感。缺乏自信心，教育工作就难做了。这时候，作为教师一定要注意拿起表扬这个有力的武器，帮助学生树立自信和自尊，使其回到正确的发展轨道上来。这部分学生缺少的是关爱与认同，对其进行表扬与奖励，效果往往不错。但使用表扬与奖励，不能随意和盲目；不恰当的表扬，未必能强化学生的优秀品质，抑制不良行为。同样，表扬与奖励也要讲求一定的技巧，否则，结果可能适得其反。

一、表扬的基本原则

教室里，一位青年女教师的公开课正在进行。老师的脸上挂着甜甜的笑容，一旦学生正确地回答了问题，她都热情洋溢地表扬：“啊，真聪明！”“非常了不起！”“棒极了！”“怎么这样能干，真是个好孩子！”旁边许多听课的同行、领导和专家也都笑盈盈地点头赞许。

下课后开始评课。大家认为这位教师的课十分成功，说了许多赞美的话，还特别赞赏她很会通过表扬来调动学生的积极性。此时，一位专家提出了一个问题："我发现这位老师在表扬学生的语言策略方面还有需要改进的地方。"

"是吗？为什么？"所有在场的人脸上都露出了困惑的神情。

表扬、奖励用心理学的术语来说，都属于"正强化"。过去所有的教育学、心理学著作都认为"正强化"能鼓励学生巩固他们的良好行为。

在有关表扬的心理学研究中，以经典的"赫洛克实验"最为著名。

赫洛克曾经以106名四年级和五年级学生为被试对象，要他们练习难度相等的加法5天，每天15分钟。他把被试对象分为受表扬组、受训斥组、受忽视组和控制组，每天做完加法作业后分别施以表扬、训斥、忽视等不同的刺激，结果发现受表扬组的成绩提高最为明显。

绝大部分教师认为奖励、表扬是师生沟通中几乎战无不胜的"法宝"，只要奖励、表扬学生，效果总不会错。很少有人想到这些"正强化"的手段还会有什么副作用。

最近的心理学研究发现，虽然奖励、表扬总体上能够激励学生，但做法上却大有文章。如果不注意讲究原则和策略，不但效果不好，还可能对学生造成心理上的伤害。

以下总结出十一条教师奖励、表扬学生时所需注意的原则和策略。

（一）期望与效价原则

国外的许多学校现在已经把企业管理心理学中的一些方法运

用到了学生管理中，而且确实行之有效。

例如，美国的一个学校在褒奖学生时，根据管理心理学中“期望与效价”理论（人做某事的积极性等于成功概率和价值判断的乘积），采用了发“代币券”的形式，使学生的良好行为得到持久强化。如果学生有某种良好行为被教师表扬，他可以得到一张价值若干元的代币券，并可用它在学校的小卖部换取同样价值的小商品。

如果学生当时不去兑换，并继续保持他的这种良好行为一段时间，或又有新的良好行为被表扬，就可以到教师那里换取一张面值更大的代币券。如果学生仍不兑换此券，并继续保持良好行为更长的一段时间，教师的处理方式则仍根据以上原则类推。

经过一段时间的实践证明，绝大多数被表扬的学生都选择了持券待兑的方式，眼光“短视”的学生确实并不多见，其中的道理不言自明。

（二）奖励内部动机为主原则

此原则来源于心理学中著名的“德西效应”。心理学家德西在实验中发现：在某些情况下，人们在外在报酬和内在报酬兼得的时候，不但不会增强工作动机，反而会减低工作动机。此时，动机强度会变成两者之差。人们把这种规律称为德西效应。

根据德西效应，教师在奖励和表扬学生时，要运用“奖励内部动机为主”原理，使学生更关注自己的成长。平时，教师要仔细观察学生的个性和特长，一旦发现学生的良好行为并给予褒奖时，要注意引导他们朝自我成长的方向发展，而不要引导他们仅仅去谋取一些物质上的“蝇头小利”。

例如，对表现好的学生，如果有体育才能，可以推荐他们参加球队；如果有文艺才能，可以推荐他们参加乐队、合唱团、舞蹈团，或为他们举办演出等；如果在写作、发明创造等方面有成果，可以为他们举办成果展等。

（三）延后褒奖原则

西方人称此原则为“老祖母的原则”，意为先好好吃完晚餐，然后才可以吃甜点。

心理学告诉我们，一旦驱使人去做某件事的诱因消失之后，即使有再好的意向也难以实现。因此，教师要设计好让学生表现出良好行为的诱因和方法，使学生先全力以赴地做好一些他们该做的然而又有一定难度的事情，最后才能得到表扬或奖励。

教师把对学生有吸引力的目标分解为近期、中期和远期三种，让他们朝着这些目标去努力，是激励学生行之有效的方法。

要让学生记住，天下没有白吃的午餐，太早得到的葡萄一定不够甜。

（四）重点表扬行为原则

心理学家认为，从小培养学生独立自主的人格是非常重要的。如果教师和学生交往时经常就一些小事任意涉及他们的人格，就会使学生认为自身的价值必须依附在他人给予的赞同、不满等评价上，从而影响他们的身心发展。

请比较下面的实例：

【正例】

这篇作文的水平很高，它对中学生的心理有深刻的描绘！

最近你的作业做得很认真，字迹也端正了，我会在学生联系册上告诉你的家长。

【反例】

老师觉得你很了不起，文章写得这么棒！

最近我认为你变成了个好孩子。

教师在课堂上面对全班学生，不应该对一些能正确回答问题的学生随便说“很棒！很聪明”，因为其他未能回答出问题的学生听后很可能会感到自己“很差，很笨”。

这时一般的口语策略通常是“不错，正确，答对了”等中性反应，这些反应没有附带对学生人格的评价，教师可以放心使用。

（五）评价勿过度原则

教师太廉价或过度的奖励和表扬经常会起反作用，这是因为：

1. 会使学生觉得老师不是真心的，而只是一种惯用的手段。

心理学告诉我们，如果一种刺激持续时间太长，人们就会因为“适应”的缘故而变得不再敏感。因此，教师虽然说不上必须“惜褒如金”，但也应该适当注意奖励和表扬的“发行量”，从而保证说话的“含金量”。

2. 如果老师对学生的一些好行为感到太惊讶，学生会认为反面的不良行为后果也不会很严重，而且这类行为很快就会发生。

试看这样的表扬：

谢小强今天非常好，20分钟里都没说过一句废话。

那么，30分钟后，可能有很多同学开始说废话。

3. 心理学认为，教师大多赞美他所期望的行为，会预示将要发生与他所期望相反的行为。特别是一些逆反心理比较严重的学生，经常会想找个借口与老师“对着干”。

（六）不随便比较学生原则

教师要发现每个学生的独特之处，让他们根据自己的个性和特长健康发展，并且要让学生明白，每个人都有自己独一无二的优点，而不能动辄就对学生进行互相比较。“人比人，比死人”，什么事都让学生互相比较，是很拙劣的一种教育手段。在奖励和表扬学生时也同样必须遵循这个原则。

遗憾的是，我们经常看到的却是类似下面这样的情景：美术课上，颇感失望的教师总算看到了一名学生的作业比较像样，他把这名同学的作业高高举起，展示给全班同学看，同时大声对大家说："大家看看，这才叫在画画啊！再看看你们自己，简直都在糟蹋颜料！"于是，教师又成功地完成了一次"抬高了一个，倒下了一片"的"壮举"。

【正例】

你的手工课作业做得真好，我想你一定花了很多心思，老师真喜欢你的作品！

【反例】

你的手工课作业完成得真好，全班无人比得上你！

（七）公开与私下双管齐下原则

对低年级的学生，公开奖励、表扬的效果较好。因为根据教育心理学的研究，这个年龄阶段的学生觉得大人对自己的评价是非常重要的。而对高年级的学生，教师在他身旁低声的称赞可能比在全班面前表扬更令他感到愉快，因为这样做可能会避免他陷入被同学议论、讥讽的尴尬境地。

除与学生个别沟通时教师可私下表扬外，在人多的场合，教师同样可以在走动中使用耳语、轻声告白等办法表扬学生。甚至教师一抹欣赏的微笑，一个赞许的眼神，学生也大都能心领神会。

对有些带有导向性、典型性的良好行为，教师应有意识地公开加以奖励或表扬，因为"榜样的力量是无穷的"。

（八）尽可能公平一致原则

不管个人心情如何，只要与学生接触，教师就应像演员一样进入角色，因为这是教师起码的职业道德。否则，学生就会经常为这样的问题而困惑：昨天，某同学是因为某种行为得到了老师的表扬，而今天我也有相同甚至更好的表现，可是老师为什么熟视无睹呢？对不同的学生，只要有良好表现，教师都要给予及时的褒奖。

（九）隐恶扬善、找好不找坏原则

当学生的表现不一致时，教师应以正面引导、表扬为导向。让表现不恰当的学生懂得：只有表现转好才会得到教师的关注和赞赏。必要时，教师可以对学生的某些消极行为暂时不予理会。

【正例】

A 组的陈志强举手发言了，我非常欣赏他的大胆和勇敢！还有谁能像他一样？

【反例】

怎么全班同学都不想回答问题，只剩一个人举手？怪不得很多老师说你们班级的学习风气很差！看样子你们班真是搞不好了。

（十）珍惜当下原则

教师不要计较学生过去或一贯的不良行为而怀疑学生进步的能力，不求十全十美，而要相信学生内心深处渴望进步的良好愿望。当那些教师不喜欢的学生有好的表现时，有些教师通常的典型想法是：今天可真是太阳从西边出来了，但我想还是不表扬他为好。因为这家伙就是个扶不起的刘阿斗。

请看一名学生对要求过高的教师的反应：你这样不相信我的表现——我改你又不相信，我不改你又不满意，那我还不如不改！

一位好教师就像一个好猎手，他不但要捕捉学生的缺点，更重要的是要时时刻刻捕捉学生的闪光点，并及时加以宣传表扬。

（十一）因人而异、随机应变原则

如果教师发现对学生的奖励或表扬不能促使学生养成良好行为，那么就应根据学生的个性特点试着改变一下语言策略。试体会以下几种语言：

1. 我发觉你已经非常尽力，但效果要慢慢才会显出来。

此话适用于那些能力不强、心里想改进而心理敏感度又较高的学生。

2. 继续努力，加油干吧！相信你下学期一定会在班级里崭露头角的。

此话适用于那些有潜力，但对自己要求不高或自信心较差的学生。

3. 我认为你虽然是年级中的佼佼者，但还应到区里去比试比试，不知你会不会名列前茅。

此话适用于那些聪明、好胜心强，又很容易骄傲自满的学生。

再看看以下几种不同的褒奖方法：

1. 星星、纪念章、笔记本、奖状。

2. 参加某些荣誉性的学校或社会活动。

针对不同年龄、个性和需要的学生，教师应采取不同的奖励方法。奖励和表扬的十一条原则是对许多优秀教师沟通实践的总结，但关键还在于领会其精神后的灵活运用。

二、表扬的技巧

有这样一个故事：有一个小孩顽皮好动，他在上幼儿园时，一次，妈妈去开家长会。老师说孩子有多动症，让家长带孩子去看病。妈妈伤心地哭了。吃晚饭时，妈妈对孩子说："老师表扬你了，说你上课能坐3分钟不动，如果你能坚持坐足5分钟就更好了。"孩子听完后，比平时多吃了半碗饭。孩子上小学了，妈妈去开家长会，老师说孩子太笨，学习成绩倒数第一，妈妈又哭了。回家的路上，妈妈对孩子说："老师说你学习有进步，你再继续努力，学习成绩会超过王梦（倒数第二的学生）。"孩子到家后，自觉地开始写作业。孩子上中学了，妈妈又去开家长会，她坐在最后，低着头，想着又会遭受怎样的打击。老师说："孩子学习有进步，但考重点高中是不行的。"妈妈吃惊地抬起头。回家后，妈妈高兴地对孩子说："老师说，如果你再努力些，有希望考上重点高中。"此后，孩子学习更勤奋了。后来孩子终于考上了重点高中。高三时开家长会，老师说："孩子学习很好，但考名牌大学有点困难。"回来后，妈妈对孩子说："老师说，你再努力些，能考上名牌大学。"最后，当孩子拿着名牌大学的录取通知书给妈妈看时，妈妈却哭了。

这位伟大的母亲，通过善意的谎言不断地表扬孩子，使孩子积极进取、努力向上，最终收获成功。

教师在教育教学中用得最多的教育手段是表扬。表扬是肯定成绩、给予荣誉的一种重要方式，是调动积极性的重要手段。但表扬不是滥表扬，要讲究艺术，注意准确、及时、灵活等原则。因此，教师要善于运用表扬这一方法。

（一）先导性表扬

榜样是班集体中同学们学习、赶超的对象，这就决定了表扬必须具有先导性。教师在学生的学习生活中要做善于从多角度透视的有心人，务必练就一双善于发现先进与优点的眼睛。教师只有充分发挥表扬的先导性作用，同学们才能学有目标，赶有方向。

（二）表扬要含蓄

表扬在很多时候应该大张旗鼓，才可以发挥出表扬的功效。但有些时候，注重表扬的含蓄性不失为一种积极的策略。比如，教师要求的某种事，班上大部分同学都做得很好，只有少部分做得较差时，老师的选择是请做得好的人站立一下以示肯定。这样做，对受表扬的人来说，一切尽在不言中，让做得差的人"心有所动"而又不过分难堪。

（三）表扬的层次性

表扬的“多层性”是从一个角度反映表扬对象从较好走向很好、更好的成长历程，表扬的“多面性”是从多个角度反映表扬对象的闪光点。在班集体生活中，教师要特别注意运用好表扬的多层性、多面性的特点，让榜样的形象变得丰满，使每一次表扬都有效地激励每一名学生的“内心活动”，充分发挥表扬的强大功效。

（四）表扬的多样性

教师对学生的表扬不能只停留在活动的评价中，表扬应具有随机性。当学生犯错误时，切忌运用专制性语言风格进行简单的训斥，而应采用民主型语言风格以宽容、等待和唤醒。学生进步时，教师不是简单地表扬，而是把他进步的欢乐与大家共同分享，并给予鼓励和期待。此外，作为教师不仅要在教室中、学校里、活动的终结评价中对学生予以肯定表扬，学生在家里的表现、生活琐事等均可以是表扬的素材。一个会心的微笑，一个赞许的眼神，一个亲昵的拍肩动作，一句真诚的表扬，一次和老师散步谈心的机会都可作为表扬的表达方式和奖品，这种灵活多样的表扬，将会编织成一个巨大的“赏识”的网络，让学生身处其中，品味其淳。

提高表扬效率的方法和手段是多种多样的，在此不一一赘述。老师在教育教学过程中也可以结合自己的实际经验和经历，创造出符合自己特点、具有个人特色且灵活多变的表扬方法和手段。

第六节　批评教育中的语言艺术

批评既是一种不可避免的人际交往方式，也是人进行思想交流的一种手段。被批评，既是人在社会生活中不可避免的一种烦恼，也是人不断进行自我完善的动力。这两者在我们的生活和工作中，随时随地都能发生。在那些具有高度事业心和进取心的人之间，批评别人和被人批评的现象更是屡见不鲜。批评作为一种推动个人发展和社会发展的动力，其重要意义越来越被人们所重视。

虽然在教育教学中应该以表扬鼓励为主，但作为一位教师尤其是班主任，恐怕谁也回避不了非要进行批评教育不可的时候，每个学生不可能一开始都事事成功、事事优秀，难免会犯错误或走弯路，此时少不了教师的鞭策指正。可是，许多教师都感觉教育学生的难度越来越大。由于教师的批评或教育不当，引发师生之间的矛盾、冲突甚至对抗的事例比比皆是。它不仅严重影响着教育教学的效果，甚至可能恶化师生关系、家校关系和社会关系。一方面，人们对传统的“严教”模式质疑，另一方面，许多教师害怕批评教育学生，深感这个尺度很难把握，甚至提出了“我们能不能批评学生”“该怎样批评学生”的疑问。其实，教师的批评教育是运用语言手段教育学生、影响学生行为的一种方法。批评既是学校师生在交往中不可避免的一种方式，又是师生进行思想交流的一种手段。被批评，学生虽然不可避免产生烦恼情绪，但同时也会产生一种不断完善的动力。学生正处在思想由不成熟逐步走向成熟的关键时期，他们在学习、生活中不可避免地要发生一些错误，如何正确地进行批评直接关系到个人、家庭、社会的前途和命运。从这种意义上讲，教师掌握好批评这门艺术尤为重要。只要方法得当，学生就会乐于接受批评教育，从而取得良好的教育效果。

那么，怎样才能把握好批评教育这门艺术呢？我们需要掌握以下内容。

一、批评教育的原则

（一）以理服人

教师批评学生，必须是真心实意帮助学生改正错误，批评要让学生体会到爱心和关切，从而真正敞开心扉与教师进行交流。

该原则就是我们平常所说的“晓之以理，动之以情”。学生犯错误是很正常的，“人非圣贤，孰能无过”，更何况是正在成长中和发展中的学生呢？我们教师必须牢记学生正处在世界观、人生观、价值观形成的阶段，是培养优良品质和良好的生活习惯的关键时期。没有正确思想的引导，没有道德规范的约束，是难以成人成才的。因此，对有错误的学生，只能耐心地和他摆事实、讲道理，不仅让其“知其然”还要“知其所以然”，以此来提高他们懂道理、讲道理的自觉性。教师要用一颗炽热的心去关怀他们，感动他们，真心实意帮助他们解决各种问题，用真善美去唤起学生自我教育的意识，让学生听后觉得教师是真心为他好，设身处地地为他着想，不是跟他过不去、要他难堪，因为“入情才能入理，通情才能达理”。冰冷的态度、过重过激的言辞，都会引起学生的逆反心理，增加说服的难度。

（二）一视同仁

教师不管是面对平时表现较好的学生还是调皮任性的学生，都应一视同仁，不能有一丝一毫的偏袒。这一点对于有些教师来说是说起来容易做起来难。同是做错一件事，对于平时各方面表现较好的学生，老师往往会无意识地往好的方面去想，认为是偶然的或是无意的，常会大事化小、小事化了，因而对他比较宽容；而对于平时表现较差的学生，老师常会往糟糕的方面去思考，而投以另一种目光，认为这是必然的或是故意的，因而常会小题大做、百般刁难，又是批评又是检讨，很少会轻易放过。教师的这种“厚薄分明”对那些更需要关心、帮助与鼓励的表现较差的学生来说，会让他们因为教师的不公而承受更大的心理压力，促使他们产生对抗情绪，从而加大教师教育的难度。教师在对学生批评教育时应对事不对人，公平公正地帮助学生，这是教师减少矛盾、建立和谐教育平台的关键。

（三）态度诚恳

态度诚恳、感情真挚的批评才能打开学生心灵的门窗，切忌故作姿态，冷嘲热讽，甚至恶语相伤。中国有句古话叫“良言一句三冬暖，恶语伤人六月寒”，更何况我们面对的是孩子，是脆弱、敏感、易被伤害的心灵。因此，我们的批评应是善意的，而非恶意的；是激励、鞭策，而不是打击、贬损；是维护人格的尊严，而不是辱没人格；是爱而不是恨。是藏在严峻的外表下深沉的炽热的爱，如果说是恨，那也是“恨铁不成钢，恨木不成材”的恨，而不是憎恨。所以，选择恰当的情景、恰当的语言和表达方式、恰当的教育表情，对达到预期目的十分有利，因为“入情才能入理，通情才能达理”。

（四）实事求是

毛泽东曾说过：“没有调查研究就没有发言权。”一切批评必须建立在充分掌握事实的基础之上，才不会让学生觉得教师的批评是空穴来风。同理，教师批评学生，评价也要客观，对缺点和错误既不能夸大，也不缩小，不但要明确指出错在什么地方，还要帮助学生找出改进方法，使学生在教师指导下改正自己的错误。有的放矢，批评才有见效的保证。批评有针对性，收效才会大。老师在台上大讲特讲，但讲得大，讲得空，使得一般学生摸不着头脑，犯错误的学生也无心改正，我行我素。批评要实事求是，就是指批评要针对具体的人和事，要言之有理、持之有据，要带有明确的目的，让学生明确改正的方向。

（五）留有余地

在批评教育时，力求点到即止，留有余地，给学生一个自我批评、自我教育的机会。这样，学生才会易于接受教师的批评，从而不断鞭策自己，尽量少犯或不犯错误。如果教师对学生的错误唠唠叨叨，否定或者贬低学生的自我认知的积极性，那么学生就会产生逆反心理，教育结果就会事与愿违。教师从学生的心理承受出发，恰当地运用“留有余地”的批评方法，会收到意想不到的教育效果。

（六）心平气和

面对犯了错误的学生，教师不能动辄拍桌子、摔板凳，不问青红皂白地对学生进行暴风骤雨式的批评。教师应该控制自己的情绪，保持冷静，让批评发出理性的光芒。因为批评不是威慑和压制，而是指正和说服。盛怒之下的批评可能是粗暴的、武断的、缺乏理性的；而心平气和的指点，就像和煦的春风温暖学生的心灵，就像甘甜的雨露润泽学生的心田，往往能收到良好的教育效果。教师只有心平气和，才能营造出一种宽松、愉快的教育氛围，才能缩短师生之间的距离；教师也只有平心静气，才能做到“晓之以理，动之以情”。

（七）严而有格

“人非圣贤，孰能无过？”教师要坚决摒弃求全责备、视学生的错误如“洪水猛兽”的观念，应全面地看待学生，不能因学生的缺点和错误而全盘否定其优点和成绩。教师批评学生的语言要轻重适度。那种轻描淡写、不痛不痒甚至带有“妥协”意味的批评根本不能触及问题的实质，只会让学生面对错误而变得麻木不仁，起不到对其警戒和教育的作用；另一方面，青少年学生的心理一般都比较脆弱，对挫折的承受力也较差，过激、尖刻的批评又有可能挫伤学生的自尊心。因此，教师批评学生要讲究一个度，做到严而有格，切忌轻重无度。通常情况下，“顺耳忠言”比“逆耳忠言”更容易被学生接受。总之，教师应有针对性地对学生的不足之处提出批评，找出错误的根源，并提出切实可行的改正措施，帮助学生进步。

（八）因人而异

古人云：“治人如治病，得其方，药到病除；不得其方，适得其反。”批评就是为了“治病救人”，因此，教师批评学生时应根据不同的对象和场合，灵活运用不同的批评方式，切忌千篇一律。首先，批评学生要做到因人而异：对疲沓型的学生应采取“严父式”的批评；对内向型的学生应采取“慈母式”的批评；对暴躁型的学生应采取“以柔克刚式”的批评；对敏感型的学生应采取“温和式”的批评；对一贯表现好而偶尔犯错误的学生应采取“表扬式”的批评；对知错就改的学生应采取“激励式”的批评；对屡教不改的学生应采取严厉、渐进、反复强化的批评；对性格犟、个性强的学生应采取“商讨式”“建议式”“启发式”的批评；对性格懦弱的学生应采取“双向交流式”“迂回式”“幽默含蓄式”的批评。其次，批评学生要做到因地制宜。一般情况下，不宜在大庭广众之下点名批评那些自卑感强的学生，特别是性格内向的女生，而应事后给予个别批评；对于犯了严重错误或犯了具有一定普遍性错误的学生以及那些平时松松垮垮、自由散漫的学生，可在把握一定分寸的前提下，在公开场合及时地给予严厉批评。

批评学生方式方法的选择，要根据当时的具体环境和学生的个性特点、情绪状态及承受能力而定。如必须当场提出批评的，应及时批评；事态不严重的，事后提醒；学生已认识个人的错误且处于自责状态的，用委婉的语气批评或事后批评；学生自认有理且抵触情绪强烈时，避开正面严厉批评。批评学生还要考虑其个性特点，不同性格的学生对批评的反应往往不一样，承受能力也不同，必须因人而异。如对于有惰性、依赖心强的学生，宜措辞较尖锐，语调较激烈，但绝不能讽刺挖苦、肆意辱骂；对于自尊心较强的学生，宜用对错误不“和盘托出”，而是逐步传达出批评信息，使对方逐步适应，逐步接受，这种方式不至于一下子谈崩；对于盲目性大、自我觉悟性差，但易于感化的学生，宜借助他人的经验教训，运用对比的方式烘托出批评的内容，使被批评者感受到客观上的某种压力，促其自我反省；对于脾气暴躁、性格倔强、容易激动的学生，宜以商讨的方式，平心静气地使其在一种友好的气氛中自然接受批评意见；对于善于思考、性格内向、各方面比较成熟的学生宜将批评的信息以提问的方式传递给他们，学生自然就会意识到并加以注意；对于自尊心很强，自觉性和悟性较高的学生，批评尽量不用激烈的言辞，也不能啰唆不休，只需指出问题，点到为止；对一些心理承受能力较差的学生，一般宜通过鼓励达到批评的目的，使他们从鼓励中发现不足，看到希望，增强信心。

（九）刚柔相济

班主任要根据学生的生理和心理特征去进行批评教育，“一把钥匙开一把锁”，以刚制柔，以柔克刚。对有的同学用“刚”，则会有震撼力；对有的同学用“柔”，则能化解顽石，刚与柔的使用均以不伤害学生自尊心为前提。对于犯了错误的学生，他们自尊心的表现就更为复杂一些，因为做了错事，受到别的同学的责备，产生了自卑感，有时甚至产生“破罐子破摔”的想法。而实际上，在他们的内心深处仍有上进要求，渴望得到老师和同学的理解和帮助。著名教育家马卡连柯曾说过：“得不到别人尊重的人往往有最强烈的自尊心。”因此，对这些学生，在批评时既要讲原则，不迁就其错误的思想行为，又要讲感情，尊重他们的自尊心。美国著名管理家亚科卡说过：“表扬可以印成文件，而批评打个电话就行了。”这就是说，含蓄而不张扬的批评有时比那种电闪雷鸣式的批评效果更好。

（十）迂回启发

不仅要有一针见血、开门见山的直接批评教育，也要有“明修栈道，暗度陈仓”的迂回批评教育。这样可以避免教育者与被教育者的直接交锋，引导、帮助犯错误的学生消化、理解、醒悟，从而改正错误，使批评达到目的。如此进行批评虽没有剑拔弩张之势，往往却有事半功倍之效。

新课程改革下的教育观，把如何对学生进行有效的批评看着是学生能否健康成长的关键，我国著名心理学家、教育家林崇德教授认为：“表扬是爱，批评也同样饱含着对学生的爱。”有些学者也认为：“过度的严厉会造成恐惧，过分的温和会有失威严。不要严酷得使人憎恶，也不要温和得让人胆大妄为。”

二、批评教育的方式方法

（一）雷霆万钧

缺乏经验的教师常常不看时间，不分场合，陈谷子烂芝麻的事，想起来便数落一通。斥错不留情，揭短不护痛；单人亮相，墙倒众推；讲透明度，积量化分；小患欲擒故纵，大错究个不休，一针见血，淋漓尽致，逼其上墙，堵其退路，杀鸡吓猴，振聋发聩。罩一团紧张空气，令终日不能自保，惶惶然而不乱动，岌岌危而必循规。教师的一通大发雷霆，足以使言者怒不可遏，而听者满腹委屈，或忍气吞声地按住不发，或理直气壮地当面顶撞。更有甚者，教师不分主次地唠叨个没完，不把学生批评哭了，就认为没有收到预期的教育效果，至于伤害了学生的自尊心，学生破罐破摔也就不足为奇了。这种措辞尖锐、词语激烈的批评方式在特殊情况下能使学生受到刺激和震动，但要求是目标、内容要清楚、集中，事实必须明晰，不可平白冤枉学生，同时批评语言要干脆，要充满正义和情感，切忌鄙视嘲笑、大事小事都抖搂。

（二）旁敲侧击

预测萌芽，明察暗访，防微杜渐。教师通过列生活教训，举警世案例，然后进行多方评价。

例如：高一开始时不少同学习惯随手丢垃圾，教师在盯着个人进行批评纠正教育时只能收到“水里按葫芦”的效果。班主任老师在一次班会上讲了身边的一个真实小故事：邻班一同学看见路上有人丢了一个废冰淇淋盒，他没有弯腰捡起，反而用脚朝纸盒猛踩，以为踩平纸盒挺好玩，哪知配套的小铁匙还插在盒里。纸盒踩平了，盒里的铁匙却穿过该学生鞋底又从脚背透了出来，一刹那，血流如注……最后老师深有感触地说：“没有那位的‘乱丢’，固然可免去这位受害者的惨痛；假若这位‘随手捡’，肯定可以避免这次流血事件。类似的‘随手捡’，并非是学校班级的规定，而是我们的需要。”通过这次感悟，学生深深明白了“随手捡，袋装垃圾，保护环境，从我做起，是我必须”的道理，这次举动也为班级和学校清洁卫生治理、弘扬集体精神奠定了基础。

苏霍姆林斯基说得好：“只有能够激发学生去进行自我教育，才是真正的教育。”

（三）闲聊商讨

有人说，批评要“永远保持商量的口吻”。这种方式可以促膝谈心，进行启发思考，归谬分析等，教师娓娓道来，寓情于理。这种方式成功与否，很大程度上取决于对批评事件的性质分析，即是否值得批评和应该进行何种程度的批评，以及批评的正确性和透彻性。事实上，这也取决于教师的综合素质。若师生双方心态平稳，教师和风细雨，则学生和教师在心理上会走向一致，不冲突，不相悖，二者心理相容。

（四）幽默风趣

师生间的一次幽默，一个笑话，犹如润滑剂，可缓解尴尬，调剂情绪，甚至能“化干戈为玉帛”。例如，学生书写化学方程式经常将反应条件漏写，对此学生苦恼、老师烦恼，恨铁不成钢的老师常常“良药苦口”地训一顿当事同学，可时隔数日，错还照错，毛病依旧。一次，某同学上黑板书写电解饱和食盐水的化学方程式，又把“电解”条件漏掉了。老师非常恼火，却压住了火气，提了一个小问题：“照你这样写来，你妈每星期周末为你煨汤时都要加食盐，你喝下去的岂不是‘烧碱氯水汤’了？”学生先是一愣，随后全班同学哄堂大笑，该生脸一红不好意思地立即跑到黑板前在自己所写的方程式上端端正正补上了“通电”二字。自此，该生丢三落四的毛病大为改变。

幽默如歌，幽默启智，幽默重在机智巧妙，好在余音绕梁。好的幽默通俗而不荒谬，有趣而不庸俗，对症而不牵强。

三、教师批评学生的案例与给教师的启示

（一）防止与学生“顶牛”

某校正在期中考试，一名学生作弊，监考教师疾言厉色强令其停止答卷，并动手夺学生手中的钢笔。学生被激怒了，顺势将钢笔扔向教师，教师洁白的衬衣沾上了浓黑的墨水。

教师如果对学生的批评次数过多，时间过长，语言偏激，超过了学生的心理承受限度，学生就会和教师产生严重的对立情绪，从而出现“顶牛”现象。“顶牛”现象的后果若十分严重，不但

会降低教育效果，还会降低教师在学生心目中的威信。因此，教师要尽量避免发生“顶牛”现象。其一，教师要保持豁达的胸怀，不要因为学生的一点小错误而大发雷霆、大动肝火，即使对个别犯了严重错误的学生也要注意批评的分寸，不要讲过头话，避免激化矛盾。其二，教师和学生在人格上是平等的，因此，批评学生时不能用侮辱性的语言，更不能用谩骂式的语言。其三，俗话说，“打人不打脸，骂人不揭短”，教师要力戒用揭学生短处的方法批评学生。其四，如果师生之间已经发生了“顶牛”现象，教师要理智地对待学生，千万不能对学生全盘否定，避免“顶牛”现象的升级。此时，如果能对学生做出恰如其分的批评，学生仍有可能认识到自己的错误。这样，就会减弱“顶牛”现象带给教师自身的负面影响。

（二）“己所不欲，勿施于人”

星期一是某学校卫生检查的公布日，某班又上了卫生较差的名单。班主任李老师看到那刺眼的“较差”二字，悄悄地溜出了人群。为尽快改变班级卫生差的现状，李老师召开了“如何搞好我班卫生”的主题班会，同学们七嘴八舌提出了班级卫生差的原因和搞好卫生的方法。最后，李老师恳切地说：“班级卫生没搞好和我有关，我上课时，将用剩的粉笔头顺手扔到了地上，这个不好的习惯影响了班级的卫生，今后，我要坚决改掉这个缺点。”李老师的话赢得了一阵掌声。此后，这个班级的卫生面貌发生了很大改观。

要求别人做到的事情，如果自己也能做到，被要求者就会以积极的态度想方设法、克服困难努力去做。这就是我们通常所说的“榜样的力量是无穷的”。教师是学生活生生的榜样，是最直观、最具有教育作用的模范。但教师并非圣贤，难免有过，当教师出现了“过”，是采取文过饰非的态度，还是大大方方承认自己的错误，以求得学生的理解呢？事实证明，采取后一种态度，非但不会降低教师在学生中的威信，相反，学生对教师会心悦诚服，他们会向教师学习，努力改正自己的缺点和错误。李老师没有因为班级的卫生差而一味责怪学生，而是反躬自问，首先从自己身上找原因，要求学生做到的，他首先做到。这比费尽脑汁去批评学生更具有说服力。

（三）"手心手背都是肉"

"丁零……"一阵清脆的上课铃声后，李老师开始上课了。忽然，一声"报告"打断了他的讲课声，原来是一名学习成绩不好的学生迟到了。李老师看见他气就不打一处来，忍不住训斥道："你这样的学习态度能将学习搞好吗？"这时，又一声报告传进了教室，这是一名颇受李老师器重的尖子生迟到了，李老师立即停止了训斥，让两名学生回到了座位。

"好生好对待，差生差对待"的现象在学校中屡见不鲜。李老师对成绩好的学生的迟到采取了视而不见的态度，而对成绩差的学生迟到不问青红皂白严加指责。这样做将造成以下不良影响：第一，降低了教师在学生中的威信，甚至可能导致师生对立。第二，不利于成绩好的学生健康成长。成绩好的学生本来就有一种优越感，如果教师对他们的错误又睁一只眼闭一只眼，就会误导学生，使学生认为只要成绩好，其他都无所谓。显然这对学生的全面发展很不利。第三，不利于成绩差的学生进步。成绩差的学生本来就有自卑感，如果教师对他们的一点错误揪住不放，他们就会产生"破罐子破摔"的想法，这样就会严重影响学生的上进心。因此，在批评学生的过程中要尽力避免"马太效应"，要"一碗水端平"。

（四）信任是批评的前提

课代表将前天的数学作业本放在了王老师的办公桌上。王老师问："交齐了吗？""李勇又没交。"课代表回答。课后，王老师将李勇叫到了办公室，直截了当地问："李勇，昨天作业没交？"连问几声，李勇才小声说道："我家昨晚没电。"李勇又连声说："真的！"王老师听到这里，温和地说："你先去上自习吧。"然后，王老师给李勇的爸爸打了电话，得知李勇说的是真的，又找了李勇，对他没交作业的错误进行了恰如其分的批评。此后，李勇交作业的情况大有改观。

王老师对屡次不交作业的李勇并没有采取不信任的态度，对他不交作业的理由也没有轻易否定，在证明李勇所说的是真实情况的基础上，对他进行了恰当的批评，满足了他渴望得到老师信任的需要。故而李勇能接受批评，并较快地改正错误。所以，学生犯了错误，教师要耐心地倾听学生的解释，不能想当然地认为学生的理由都是找借口，只有在充分辨别真伪的基础上，对学生进行合乎实际的批评，这种批评才有效果。那种一吐为快、无的放矢的批评是要不得的。

（五）严厉批评后莫忘安慰

期中考试时，某班的一名学生作弊，班主任张老师对这名学生进行了严厉的批评。谈话结束后，张老师温和地说："也许，我的话重了点，但愿你能理解我的一片苦心。老师相信你，你一定能改正错误。"这名学生信服地点了点头。

学生严重违反校纪校规的行为确实使教师非常生气，但情绪化的处理方式往往达不到应有的教育效果。根据"近因效应"，教师在严厉批评学生后，如能用比较妥帖的话语结束批评，那么尽管学生受了严厉的批评，但他能从老师的话语中感觉老师是真心实意为他好。这对学生改正错误、避免师生间形成僵局是很有利的。张老师的教育行为符合近因效应，因而批评效果显著。教师在批评学生后，不能用“如果再犯，定不轻饶”“听不听由你，到时新账老账一起算”等结束批评，这样只能给学生留下可憎的印象。无论学生犯什么错误，教师都应该头脑冷静，在批评结束时，给谈话做一个善意的收尾。

（六）不能仅点到为止，还需大发雷霆

上晚自习的铃声已经响过好一会儿了，某班学生王明还未到。班主任于老师非常着急，他问了几个和王明要好的同学，终于知道王明玩电子游戏去了。平常很少对学生发火的于老师，将慌慌张张跑进教室的王明叫到办公室，他一改过去对学生的批评只是点到为止的习惯，将这次批评持续了近一个小时，直到王明诚恳地承认错误。自此以后，王明玩电子游戏的现象大大减少。

如果经常严厉批评学生的教师，偶尔讲出几句柔和体贴的话，那么，这句话就会令学生终生难忘；相反，向来和蔼可亲的教师，突然大发雷霆，也会令学生难忘。这就是批评中的对比效应。因此，教师在批评学生过程中，也要讲对比效应。对犯了小错的学生，不能经常大发雷霆，应该点到为止，让学生自己反思错误。这样，当学生犯了严重的错误，教师进行严厉的批评时，才能起到批评所应有的作用。于老师正是运用了批评中的对比效应才使学生真正认识到了沉迷于游戏的危害，并以实际行动改正了错误。在批评学生时，应该根据错误的性质，采用不同的语气、语调和语句，这才能发挥批评的最大作用。

第七节　说服教育中的语言艺术

所谓说服，即用理由充分的话语使对方心悦诚服。教师所做的学生工作，主要是调动学生的积极性、主动性、创造性，协调师生关系、生生关系及家校关系。从这个意义上说，教师掌握说服的教育技巧，因地制宜运用说服的方法对学生进行教育，对于提高教育教学效能具有重要意义。

一、说服教育的基本方法

（一）事实充分交流法

事实胜于雄辩。教师在进行说服工作时，要善于运用事实充分交流法。事实充分交流法是教师以充分详尽的事实作为说服学生的依据，开诚布公地与学生进行交流的一种说服教育方法。这种方法的本质就是尊重客观事实，用事实说话。运用事实充分交流法进行说服最能打动人心，最能使人信服。从心理学的角度来看，人们的心理趋向是求真、求实的，只有真的东西，才是值得信赖的。

教师运用事实充分交流法进行说服教育，可以打破僵局，增进了解，使说服更加有力。因为事实本身可以使教师言重如山，取信于学生。采用事实充分交流法进行说服教育，要求教师在说服之前准确把握事实，在说服过程中巧妙地对已掌握的事实加以运用。

（二）角色置换法

在说服教育中，运用角色置换法进行说服是一种常用的有效方法。角色置换法要求教师从学生利益出发，站在说服对象的角色位置上来看待所涉及的问题和事物，再进行说服。教师由于特定的角色身份，不可避免地对一些问题的看法与学生的认识存在差异和分歧。为此，教师应在说服教育过程中进行必要的角色换位，即站在学生的角度来观察、思考和分析问题。在说服教育中，当学生说出某件令人难以接受的观点和要求时，或做出让人难于理解的举动时，教师不要指责或埋怨学生，而要先问一问自己，学生为什么会提出这种观点和要求？为什么要有这种举动？假如我是他（他们）又会怎样做？教师只有设身处地与学生站在同一立场上来观察、思考和分析问题，才能与学生在情感上达到相融，在认识上取得一致，从而促使说服教育顺利进行，并取得较为理想的说服效果。

（三）角色正名法

教师角色，是指教师在特定的社会组织中的身份、地位以及由此而决定的言行模式。角色正名法是教师在说服活动中，以确切的身份进入特定的角色行为模式与对方进行交流。教师的角色模式主要是学生组织的代言人、协调者、决策人、管理者及统帅者等，教师的多维角色与其在社会组织中的职能作用相互关联，教师在社会组织中的职能作用要求教师在说服工作中必须使自己的言行符合一定的行为规范。在说服教育活动中，当教师以特定角色与学生进行交流时，学生就会对教师所扮演的角色产生期待，如果教师的言行不能满足对象的角色期待，那么他的说服就会苍白无力，从而不能为学生所接受。

（四）借力说服法

在教师进行说服教育过程中，有时会感觉单凭个人的努力力量单薄，如果巧妙地利用外力来做工作，则可达到事半功倍的效果。借力说服法是指教师进行说服活动时，为使说服更加有效有力而借助于外界的力量，如国家法规、学校规章、科学结论、伟人（名人）言论等，来造成一种说服声势或压力，以增强说服力。运用借力说服的方法来进行说服，可以强化说服的力度，起到顺风托势、借势用力的效果。

（五）问题解决法

教师处理学生违纪问题进行说服教育是需要时间的。学生既不是传真机，也不是信用卡，当他们行为不当时，表面上告诉我们的是：他们需要帮助，需要学习更好的行为方式。实际上，他们是在告诉我们：他们的某些基本需求没有得到满足，这些未满足的需求促使他们做出了不当的行为。

在众多的心理疗法中，美国精神病学家威廉·格拉瑟的现实疗法即问题解决法是一种有效的方法。现实疗法是由格拉瑟开创的心理咨询和治疗流派。他认为每个人总是生活在一个“现实的”世界中，要满足他的基本需要，使其体验到成功的统合感，就必须在现实环境中有合适的行为。只有做出合适的选择、合适的行为的人，才有可能从与环境的关系、与他人的关系中获得他需要的东西。从这个意义上说，人的命运取决于他自己，必须由自己对自己负责。换一种说法，环境中总是存在社会评价、社会期望、奖励和惩罚的力量，一个人要满足自己的基本需要，必须依赖环境和他人；而他能够控制自己的行为，能够决定自己做或不做、怎样做某些事情，使自己的行为既符合自己的需要，同时又不剥夺他人满足各自需要的权利。

二、说服教育的主要步骤

教师在说服教育过程中，要使学生被顺利说服，仅靠平淡的语言是不够的，还需要借助真情的感染力，借助一定的典型事例，借助有力的逻辑推理，借助名人的威望，借助科学的知识，借助社会的舆论，借助学生自身的心理、情感和利益的需求等多种力量，才能有效提升说服效力。

（一）表明善意

在教师与学生的交流中，教师必须让学生明白两点：一是教师的目的是来帮助学生，并不是为了惩罚学生；二是教师认为学生犯错误只是某种技能的缺乏，而不会把学生视为人格低下或者品德有问题的人。必须让学生对教师建立起信任感，否则很多教育工作是没法展开的。

（二）了解真相

要求学生如实地描述自己的行为。在处理某些学生的违纪行为时，教师不要认为这种违纪行为太不应该了，只要有一点道德判断的人都会认为这是不对的。要知道，这些学生之所以违纪，正是他们的感知能力尚有缺陷。比如，学生在班上大吵大闹的时候并没有意识到自己的行为对别人构成了负面的影响，如果当学生意识到自己给别人添麻烦了，一般会因愧疚而停止行为的进行。所以，教师对学生错误行为的描述，有助于帮助学生对自己的行为做出价值判断。

但是，在学生对教师缺乏足够的信任的时候，就可能拒绝描述真相。他们经常说“我不知道”“我忘记了”“我没有看清楚”等，此时教师不要急躁，以下提供几个应对的策略：

1.“忘记了没有关系，在那个混乱的情况下，谁都有可能忘记，老师想知道事情的真相并不是为了谴责你的行为或者找你的麻烦，我只是为了帮助你。”学生撒谎多数时候是由于对惩罚的恐惧。如果学生意识到教师并不是为了惩罚他，一般情况下，教师的要求会得到正面的回应。

2. 如果学生仍不能对教师产生足够的信任，或者学生描述问题能力确实有所欠缺，教师可以使用时间倒推的方法让学生说出事件来。比如，假定两名学生发生肢体冲突，我们可以问：在发生冲突之前，你们正在干什么呢？这样对事件不带价值和道德的询问，是在帮学生再现当时的情景，学生是比较容易接受的。或者我们可以和学生一起假设手上有一个摄像机，想象它可以拍到当时的一切。

3. 如果以上两种办法仍无法让学生顺利描述事发情景，建议教师暂时停止询问，因为学生可能还处于不愿诉说的情绪之中。教师可以对学生说："看来，我们现在的状态不适合谈这个话题，等大家情绪平静后再谈会更好。"

（三）价值判断

在学生对事件进行描述之后，就应该出现价值判断了。如果学生认为该事件是很有价值的，那么即使教师喝止了这些行为，也无法保证以后不会发生类似的问题，除非学生意识做这件事是没有价值的。所以教师必须引导学生做出价值判断。此时有几点值得注意：

1. 在引导学生进行价值判断时，要准备充分、细致的问题，才能较好地引导学生从不同角度反思自己的行为。

2. 一般情况下学生对所做的错事会做出无意义、无价值的判断，此时教师一定要继续追问："你把没有意义的地方说出来看看。"值得注意的是，多数情况下学生说不出来意义是因为他们平常很少反思自己的行为，因此是真的说不出来而不是负隅顽抗，此时他们需要教师做出耐心引导。

3. 如果在价值判断询问过程中，学生依旧坚持该错误行为对自己很有价值，我们要注意，学生可能确实认为这事有价值，因为他们无法对价值做出应有的明晰判断。

（四）策略询问

教师对学生的批评工作如果已经能让学生认识到自己错了，此时大部分教师会就此收手，结束访谈工作，而格拉瑟疗法却认为不应如此。格拉瑟认为不单要让学生认识到自己的错误，还要让学生在认识错误的基础上培养出解决问题的能力。因此，能力的培养才是格拉瑟疗法的关键所在。教师可以接着询问学生："以后我们怎样才能避免事情的再次发生？"学生可能说"我会努力避免，我再也不参与打架了”，这时教师要继续坚持：“你愿意改正我听了很高兴，你能不能告诉我你具体的改正措施？”绝大部分学生在第一次遇到这种询问的时候都不知如何作答，教师可以接着说：“你有这个决心非常好，但如果你现在没办法说出你如何改正，你认为以后还会有可能有行动吗？”学生会在此时陷入思考。

此时教师要求学生必须把具体的计划和措施说出来，比如，建议上课迟到的学生分析一下迟到的原因，然后想办法一一克服。例如：我迟到是因为我起床太迟了，所以，我使用闹钟，让自己准时起床。又如：因为我让妈妈在该起床的时候叫一下我，所以我绝对不可能再次迟到。再如：因为我让早起床的 ×× 同学在起床后就打一个电话给我，所以我是绝对不可能再次迟到的。学生提供的改进策略越多，改进的可能性越大。

如遇到问题比较严重的学生，教师可以与之商订“改进契约”。如：我计划本月内最多只能有 × 次迟到，下一个月只能有 × 次迟到。我请 ×× 同学当我的增加优点的监督员，我将在 × 月 × 日和 ××× 老师一起讨论计划实施的情况。我具体的改进措施如下……

注意，“改进契约”是针对学生的某些顽固错误，一些偶犯的小错不必使用，免得学生认为小题大做。另外，改进计划必须有可操作性。比如，学生说“我要准备努力学英语”，教师必须让他说出具体每天要用多少时间在英语学习上，每天准备完成多少题目，由谁来监督，多长时间检查计划实施的进度，等等。这些计划最好要出现具体数字，将之变成可量化的目标，要避免学生使用“会努力”“尽力去做”等模糊的字眼。

（五）鼓励帮助

同一般学生相比，处于险境的学生更需要老师的帮助。在与这些学生交流的过程中发现，许多处于险境学生对自己存在的问题不是不知道，而是无法摆脱原有的行为模式，所以，教师要为他们建立起新的行为模式，就必须注意对教学计划实施必要的监控。在格拉瑟疗法中教师的重要作用是同学生商量在什么情况下以什么方式跟老师沟通，以保证在必要时教师可以随时介入和干预。

教师可以和学生达成类似协议：“当我遇到 ×× 情况，我将去找老师（也可以是某个愿意提供帮助的学生）。”并问学生：“你认为我们计划中还有没有让你觉得无法实施的地方？你肯定会按计划来推进吗？”这个问答是为了让学生做出承诺，从而强化计划的具体实施。

（六）监控与强化

监控与强化可以分为两种情况：一是常规性强化，即教师在规定时间内讨论计划的进度，讨论干预措施落实的情况，询问学生是否遇到困难，同时对学生已经取得的成绩予以赞扬，对存在的问题应多加引导，与学生一起探讨解决办法，及分析下个实施阶段中可能出现的困难以及对策。二是临时性强化，如果教师看到学生有良好表现，应通过语言或者其他方式表示祝贺与赞扬，并询问学生对取得成果后的感受，也可以写一封表扬信让学生带回家给父母。如果发现学生的表现不尽如人意，也可以与之进行商谈，引导学生按计划进行，此时及时的反馈有利于学生更快地形成新的行为习惯。

这个环节教师应注意避免自己因平时工作繁忙、事情多，在学生取得阶段性成果时，误以为学生已经形成新的行为模式而放宽对学生的监控与强化，导致前功尽弃。

第二章

教学活动中的语言艺术

第一节 启发式教学中的语言艺术

“启发”一词，来源于我国古代教育家孔子，他提出“不愤不启，不悱不发，举一隅而不以三隅反，则不复也”的启发教育主张。朱熹对此解释说：“愤者，心之通而未得之意；悱者，口欲言而未能之貌。启，谓开其意；发，谓达其辞。”意思是说，教师启发学生时要首先造成一种“愤”“悱”的状态。这就要求教师根据教学目标，从学生的年龄、心理特征、知识基础、认知结构等实际出发，采用各种生动活泼的方法，启发引导学生积极思维，使他们主动地获取知识，发展智能。“启发”是一种教学思想，也是一种教学手段、教学方法和教学原则。

启发式教学是相对于注入式教学提出的，由于注入式教学无视学生在学习上的主观能动性，而启发式教学能启发学生的思维积极活动，能调动学生学习的积极性和主动性，因而我们在教学中应大力提倡启发式教学，反对注入式教学。

一、何为启发

波利亚认为教师讲了什么并非不重要，重要的是学生想了些什么。学生的思路应该在学生自己的头脑中产生，教师的作用在于“系统地给学生发现事物的机会”，启动学生在允许的条件下亲自去发现尽可能多的东西，同时，教师要给学生以恰当的帮助，特别是“内心帮助”，多问“是什么？为什么？哪里？何时？怎样？”以催化学生思想的产生。

学科教学的研究表明，教学过程中要重视培养学生的思维品质，培养他们分析问题、解决问题的能力。教师对学生的塑造主要在课堂上，一堂课效果如何，不在于教师语言的华丽，而在于教师是否揭示了事物的本质，是否启发了学生的思维。

（一）抓好学习动机

学习动机是学生掌握知识、形成高尚品格的重要因素。有人认为动机是“学习过程的核心”，因此，培养和激发学生的学习动机是教师的一项重要任务。学习动机的培养与学习动机的激发既有关系又有区别：“培养”是指学生还没有或很少有这种动机，教师通过一些教育措施使他形成、发展这种动机；而“激发”则是指学生已经具有了潜在的学习动机，教师采取一定的措施，把各种潜在动机充分调动起来。培养是激发的前提，而激发动机又进一步培养和加强了已有的动机。学科教学的任务，不仅是让学生学到知识，更重要的是教学生进行科学思维，学会获取知识。因此，学科教学过程应该是发现学科知识与思想方法的过程，是学生充分活动主体思维的过程。

（二）了解学科教学本质

学好某一学科知识，先要弄清楚其知识结构，使知识存放有序。这样既减轻了学生的记忆负担，又便于其更有效地进行知识的提取或迁移。学习知识结构是通过认知结构的不断充实和完善实现的，认知结构又是通过主动联想知识之间的内在联系建构起来的。联想是以观察研究对象或问题的特点为基础，进而联系已有的知识和经验进行想象和思维的方法。联想是一种自觉的和有目的的想象，由当前感知或思考的事物想起与之有关的其他事物。联想思维是培养学生创新思维、实践能力的重要因素，学生只有对书本知识进行拓展，理论联系实际，才能更好地解决问题。

（三）鼓励学生大胆质疑

我国古代学者就提出：“前辈谓学贵知疑，小疑则小进，大疑则大进。”陶行知也曾说：“发明千千万，起点是一问。”可见，学生创新思维的形成应该以发现问题和提出质疑为基础。教师在课堂中应重视培养学生敢于怀疑的精神、善于求变的态度以及综合选择的能力。精心设置问题情境以“质疑”开路，让学生于无疑处生疑，教师在设疑和解疑的过程中培养学生的自我意识、发散思维、直觉思维，使学生养成勤思善问的好习惯，促进学生创造性地学习。

1. 集体讨论或分小组讨论

生生之间、师生之间相互质疑、解疑，相互启发，发挥学生的合作精神和个体思维活动的积极作用，帮助学生激发灵感，产生智慧火花。

2. 强调一题多解、一题多变、一题多思

引导学生全面、深刻地分析问题，多角度、多方位、富有创见地解决问题。

3. 自编练习题

每章新课内容完成结束后，要求学生根据本章知识网络，人人自拟一份练习卷，然后交换测试，交换批改，鼓励交流争论，促进交互学习，使不同层次的学生都获得主动参与、选择、创新、发展的机会。

二、启发式教学的运用

（一）常用语言

让我们站在学生的角度来看，他们会提出什么样的问题？他们想提出的是这样一些问题：“这是为什么”“那是怎样一种情况”“似乎还存在一些问题”“下一步该怎么办呢？我想应该是这样的，怎么说呢”等。我们可以依此设置教学问题：“你发现了什么”“你联想到了什么”“……这是为什么”“你是怎样想的”“你认为怎样”“你得到了什么结论”“你还有什么问题要问”“如果增加一个条件，你看如何”“你向另外一面看看怎样”“请你转换一个角度思考如何”等来启发、引导、帮助学生思考解决问题，鼓励、促使学生深入思维。

常用的启发语言还有很多，需要教师根据教学的需要做出灵活多样的设计。当然，启发不一定单靠语言，有时候是此处无声胜有声。一个手势动作、一个符号、一个图像图片，或一件事物、一段演示等，都可以用来启迪学生的思维。

（二）常用方式

在实际教学中，启发的方法是多种多样的，如直接（直观、演示）启发、问题（质疑）启发、经验（体验）启发、悬念启发、练习启发、实验启发、讨论启发、层次启发、情景启发、比喻启发、对比启发、导学启发、探究启发、情感启发、教学媒体启发，等等。“教学有法，教无定法，教有多法，贵在得法”，只有根据课程教学实际的需要去设计和运用启发式教学，才能取得理想的教学效果，从而促进“知识与技能、过程与方法、情感态度与价值观”三维教学目标的实现。下面简述启发的几种常用方法。

1. 直接启发

学生对生动具体的实际现象比抽象的理论叙述有兴趣，有积极性，特别是对某些奇异的现象更感兴趣。有的化学教师在阐述化学原理之前，先做某些奇异的演示，例如将一杯黑色的溶液盖上玻璃片，稍加摇晃，立即变成透明的清水，要学生观察这是为什么。一粒粒小火球能在水面上浮动燃烧，引起学生强烈的求知欲望。有时老师可以用生动形象的语言，用举例和比喻的方法，激发学生的形象思维，并引起思索和探求新知的欲望。

2. 问题启发

在教学中，教师要尽力打破学生头脑中的“平静”，激发学生思维活动的“波澜”，运用一定的教学手段激发学生的疑问，激起学生求知的需求，从而调动学生学习的积极性。这样能使学生在寻疑中产生求知欲望，形成探索和发现知识的动力，使学生学习具有自觉探索、积极创造的能力。另外，教师要善于提出问题，特别是对某些要求学生掌握的课程内容，对于那些在学生看来不是问题的问题，教师要激发学生产生疑问，使之有追求解决矛盾的愿望，从而调动学生的学习积极性。

3. 悬念启发

在古代章回小说里，往往在情节向前推进时中途“打一个结”，让它暂时挂起，给读者产生一个期待的心境，以“且听下回分解”的悬念来吸引读者往下看，这也是启发式教学的一个重要手段。如在语文《背影》一课中，作者朱自清在开篇写道：“我与父亲不见已四年有余，我最不能忘记的是他的背影。”讲到此处，教师适时启发：为什么不能忘的是父亲的背影呢？这就给学生造成一个悬念。接着提问：一般作品描绘人物部位最多的是什么？学生讨论后明确：人最富于表情的部位应该是面部，应着力于面部神情音容笑貌的描绘，这是文学作品惯有的手法。而《背影》这课，为什么抓住人“背影”不惜笔墨做具体细致的刻画呢？教师引导学生在讨论中逐步领悟这里描写的“背影”是进入老境“颓唐”父亲的背影，它刻下了父亲饱经忧患、半生潦倒的印记。父亲在家境惨淡奔走谋职之时，不辞劳苦，不怕麻烦送儿子上北京，还艰难地爬过铁路为儿子买橘子。这“背影”表现出父亲对儿子的真挚的爱，“背影”是父子依依惜别中给儿子烙下的一个深刻、不可磨灭的印象。

4. 情感启发

情感是作者缘情而发，把自己强烈的情感演变为文字。因此，激发情感必须披文入情，才能深切感受作者传递出来的感情。叶圣陶先生说："凡是出色的文艺作品，语言文字必须是作者有趣的最贴合的情感符号。"读者若不能透彻地了解文字的意义和情味，那就只是又如看见死板的符号，又怎能接近作者的旨趣？在文科教学中，教师应善于调动学生的情感，拨动学生心灵的琴弦，充分利用教材的情感因素，让学生与作者的思想感情产生共鸣。

三、启发的艺术性

当代学科教学要求课堂教学以培养学生的思维品质为重点，是否启发学生思维是评判课堂教学效果的重要因素。

（一）恰当激发兴趣

教师上课需要引入，尤其是新课，良好的引入能极大提高学生的兴趣，使学生体验知识形成的过程，这对于培养学生应用知识的能力大有益处。不仅如此，引入还能为某些结论的解释做好铺垫，比教师直截了当地拿出新概念硬讲效果要好得多。

（二）调节教学气氛

学生在课堂上的情绪状态将直接影响课堂教学效果。学生的认知和情感是有机的整体。苏霍姆林斯基说："学校里的学习不是毫无热情地把知识从一个脑袋装进另一个脑袋里，而是师生之间每时每刻都在进行的心灵的接触。"这种"心灵的接触"便是情感交流。积极的情感对认知活动起着激活、激励的作用，可以提高学生智力活动的效率。求知欲只有经过积极情感的放大才具有动机作用，学生的感知、记忆、思维、想象等认知活动才会因此兴奋起来。

（三）适当铺垫

从本质上看，学科技能是一种"模式"，可以通过模仿和实践来进行学习。但这种模仿有几个层次：简单性模仿、实质性模仿和创造性模仿。学生的学习过程，就是要跨越简单模仿而达到后两种模仿的境界。要实现这一跨越，教师的引导至关重要。一节课只有45分钟，教师引导太慢，学生只能完成简单模仿，导致效率太低；如果引导太快，则会产生“坎子”，致使很多学生无法即时逾越，由此带来负面影响，如学生会产生学习兴趣降低等问题。教师引导学生思维，当问题太难时，应做适当的铺垫，给学生以启迪的同时给学生思维的空间，使他们通过模仿找到解决问题的途径，充分发挥自身的主体作用。

（四）多向启发

教师启发学生思维发展的方向切忌单一。教师所有的引导都要注意节奏，不能急于求成，要由浅入深，循序渐进；也不能拖泥带水，转弯抹角，要讲究效率。当一道习题都已讲清楚时，教师不要轻易放过机会，抓住此题的重点进行深化，或改变某个条件进行类比，或换到其他题型中加以应用等等。这时的引导，往往所用时间并不多，但能使学生的学习能力再上一个台阶，是一种高效的做法。

第二节　提问在教学中的语言艺术

课堂教学有一个重要的环节——提问。课堂提问是一种技巧，更是一种艺术。有位教育家曾经说过：“教师不谙熟发问的艺术，他的教学是不容易成功的。”事实上，课堂提问是教师教学业务功底、全部教学经验的公开亮相，又是教师驾驭参差不齐、瞬息万变学情的体现。因此，在教学中重视课堂提问，掌握课堂提问的技巧，就成为提高教师教学质量的有效途径。那么，如何精设巧问，才能使得思考不再是学生精神上的负担，而是一种身心的愉悦和享受，关键在于教师应注意课堂提问的度和量。

一、课堂教学提问

课堂教学提问，是在课堂教学过程中，根据教学内容、目的及要求精心设置问题，师生进行教学问答的实践活动。它不仅包括教师对学生提问，还应包括学生对教师提问。它是课堂教学经常采用的教学手段和方法，是影响教学效果的重要因素。在这里研究的课堂提问，主要指教师提问。课堂教学提问主要有四个方面的意义。

（一）开启思维的闸门

启迪、发展学生的思维能力，是教学提问艺术的主要目的。

提问启发学生思维，充分体现学生在教学中的主体地位，吸引学生积极参与教学活动，是一种积极、公开、有效的教学手段，它直接体现了教师对学生的指导效果。教学中一个巧妙的提问常常可以一下子打开学生思维的闸门，使他们有所发现和领悟，收到“一石激起千层浪”的效果。在教学的疑难之处巧妙设问，激发学生解疑、创造的火花，把创新教育落到实处。在此过程中，学生通过思考，更多地体会到了“我是学习的主人”“我要学”和“我自己学”的乐趣。《论语·述而》曰：“不愤不启，不悱不发，举一隅而不以三隅反，则不复也。”提问是师生双向参与、进行积极教学活动的好形式，更是启发学生思维、创设发现情境的好方法。任何一门学科的教学都应该发展学生的思维能力，而在调动学生思维的诸多活动中，最富有创造性的是提问。通过提问激发学生的求知欲，调动学生的主动性，能收到“投石击水”之效。

遇到一篇课文不知道怎样去分析，这是许多学生常会遇到的情况。作为教师，要解决这个问题就要努力增强教学的启发性，并从思维方法上给予学生一定的指导。教学是否具有启发性，不能只从形式上看，不能只追求课堂的热闹，提问的次数，学生发言的人次、时间，而要从实质上看教学是否能够启发学生的思维积极活动和培养学生的能力。提问是启发学生思维活动经常采用的一种教学方法，但提问不一定都具有启发性。像那些过于简单浅显的问题和过于复杂深奥的问题，都难以激发学生的思维活动。前者，学生不用去想；后者，学生又无从去想。运用启发式教学，也不一定每个问题都要求学生立即回答正确，教师更不必因为学生对有的问题不能立即答出或答得不对就觉得启发失当。有时，在解决问题的过程中费此周折，更可以让学生的能力得到培养。

（二）反馈教学信息

在教学过程中，教师和学生都需要及时获得有益的反馈信息，作为调整教学活动的依据。在课堂教学的 45 分钟里，来自提问的反馈信息是最方使、最及时、最直接的，也是最真实的。作业可能抄袭，考试可能作弊，课堂提问却要学生现场作答。

通过师生的问答活动，一方面教师可以从中了解学生对知识的理解程度，探明学生错误之处以及犯错的原因，从而进行有效助答，及时调整教学进程，改进教学方法，使讲授更有针对性。另一方面，学生答问后，能从教师的评点和评价中知道自己的学习水平，明白自己的不足之处和优胜之处，有利于其改进学习方法和态度，激励自己不断提高、不断完善。另外，教师从发散性问题的探讨中可以发现学生的思想动态，全面掌握学生的个体特点，便于帮助学生树立正确的世界观、人生观，培养学生的非智力因素。

教学提问获得的信息是双向的，所以教师应充分利用这一功能，更好地提高教学质量。因此，一位成熟的教师，既要有能力设计高质量的提问，还要善于对课堂提问进行艺术调控。

（三）推动师生协作

在教学过程中教师始终想要抓住学生的注意力，并努力使课堂气氛更加活跃。教师的单边活动是无法达到这一效果的，这就需要教师实现师生互动，双向交流。而恰当的课堂教学提问就是最常用、最有效的方法。不少中学教师对学生答问不积极感到困惑。要解决好这一问题，除了要求教师恰当设置提问的难度外，还要求教师提问时体现并尊重学生的情感，注意提问的方法和态度，营造答问的气氛。千万不能把提问作为惩罚、打击学生的“绝招”；当学生答不上来或答错时，切忌讽刺挖苦，挫伤学生自尊心。

（四）培养学生的表达能力

提高学生的口头表达能力，是教学的目标之一。教学提问能创造条件，为学生提供口头表达的机会，使学生有条有理、全面正确地阐述自己的思想。学生要正确回答问题，就必须学会迅速地组织语言，准确表达观点，体现逻辑性，善于归纳总结，并当众即兴发言。这样，提问无疑就起到了促进学生提高口头表达能力和对语言的感受力的作用，奠定了学生发展的基础，为其今后的学习和工作创造出了良好的条件，使其终身受益。如果教师对学生的答问给予补充使之完善，学生将逐渐养成严密的思维习惯；如果教师对学生的答问及时给予客观的评价和鼓励，学生能体会到“我能行”的自豪感，这就是成功的教育。苏联教育家沙塔提夫指出：“掌握知识的标志之一，是学生能用自己的语言将所学材料转述出来，并能找到适当的例子说明相应的原理。”

综上所述，通过提问，教师可以检查学生对已学的知识、技能的掌握情况；可以开阔学生思路，启发学生思维，帮助学生掌握重点，突破难点；可以发挥教师的主导作用，及时调节课堂进程；还可以活跃课堂气氛，增进师生之间的感情，促进课堂教法与学法和谐发展。正如美国教学专家卡尔汉所说：“提问是教师促进学生思维、评价教学效果以及推动学生实现预期目标的基本控制手段。”

二、提问的各种类型

课堂提问的分类依据不同的标准，可以有不同的类型，最基本的有启发式提问、针对性提问、梯度性提问和创造性提问四种类型。此外，根据提问的水平可分为认识水平提问、理解水平提问、应用水平提问、分析水平提问、综合水平提问和评价水平提问。

（一）课堂常用的提问类型

1. 直问

即教师在教学中向学生直截了当地提出问题，不转弯抹角，学生直接作答。如“某某的定义是什么”“解这个题首先用到什么定理”。

2. 曲问

本来要解决这个问题，却绕个弯先问那个问题，采取“曲径通幽”或“迂回”的方法达到目的。如在讲直线和圆位置关系时，教师先问：“太阳在海平面冉冉升起，你们想象一下，太阳与海平面有几种位置关系？”学生回答后，教师接着问：“将太阳想象成圆，将海平面想象成直线，请你们再叙述一下直线与圆的位置关系。”

3. 泛问

教师提出问题来让全体学生都思考或讨论，以期得到多样的答案。泛问不同于泛泛之问，泛问时忌经常使用毫无意义的问语。

4. 特问

又叫指问，即教师针对某个特定的学生发问。对此可以先提问题，再指学生答问，也可以先指名谁回答，再提问题。特问的目的是特意要检查某个学生的学习效果或是为了提醒某个学生需要集中注意力学习。

5. 反问

教师发现学生的回答有误，应当即针对此处反问学生。反问，可使学生培养严密的思维习惯，还可以使其对错误产生深刻的印象。有的学生答对了，教师也可以故意反问，以此培养学生坚持真理的品质。

6. 激问

当学生对回答问题兴致不高或产生畏惧心理时，教师可为鼓励学生积极思维设置激励性提问。如“此题难道就没有第二种解法吗？”“刚才的几位女生答得很好，难道男生就没有人答得更好吗？”“上次你答题有创见，这次看你又有什么高见呢？”等类似提问，常能收到明显效果。

7. 连问

教师设置一系列疑点引题，以环环相扣的问题连续提问，又称追问或串问。如政治教师设计的连问：“我国人口现状如何？应采取什么措施？具体要求又是什么？给我们什么启示？”这种提问，围绕教学内容步步推进，由此及彼，促使学生全面深刻地认识问题。

8. 自问

自问就是自己提问，自己作答。这种提问常常用来讲授问题或现实与教材内容之间的顺利过渡，并不期望学生回答问题，但教师提出问题后，一定要稍作停顿，让学生有时间思考一下。

9. 诱问

教师通过所提问题诱导学生思考而得出正确的结论。诱问可以是一个问题，也可以是一连串问题。如某校程老师执教《孔乙己》

中的一段：

师：在第一段中，作者写了两种人，是哪两种人？他们在喝酒的形式上有什么不同？请同学们回答。

生：写了两种人，一是穷人，一是富人。他们的不同表现在：穷人穿短衣，在柜台外边站着喝酒；富人穿长衫，在柜台里边坐着喝酒。

师：回答得很好。作者写贫富悬殊的社会现象，与表现孔乙己有什么关系？

生：为表现孔乙己特殊的身份做铺垫。孔乙己是站着喝酒而穿长衫的唯一的人。

师：用今天的话说，这叫什么分子？

生：知识分子。

师：是上层知识分子吗？

生：下层知识分子。

师：是大知识分子吗？

生：小知识分子。

师：对。孔乙己既不是富人，也有别于穷苦的劳动人民。他是一个下层小知识分子。

以上老师通过一连串提问，引导学生得出对孔乙己身份的正确认识。

10. 比问

用比较的手段来提问，使学生在比较中找到问题的答案。

比如教《荔枝蜜》时：教师问："蜜蜂和黄蜂你喜欢哪一种？为什么？"教《孔乙己》时，教师问："写孔乙己掏钱买酒的动作，前一次用'排'，后一次用'摸'，里面有不同的含义吗？"教《中国石拱桥》时，教师问："作者已经举了赵州桥为例，为什么还要举卢沟桥为例子？”

11. 追问

通过层层追问，促使学生在老师的追问下紧张思考，最终接触到问题的本质。如一老师上《荷塘月色》时对学生的提问：

师：从哪些段的哪些语句中我们可以直接窥视到缠绕于作者内心的思想和情感呢？

生：第一段的有“这几天心里颇不宁静”。第三段的有“我也像超出了平常的自己”，还有“便觉是个自由的人”“我且受用这无边的荷香月色好了……”

师：“且”字怎么讲？

生：暂且。

师：对的。暂且，姑且。还有哪些语句呢？

生：第六段，“热闹是他们的，我什么也没有”。

师：这个“我什么也没有”是一种什么感觉？

生：……失落感。

师：是的。茫然失落。想有所寄托但又无可寄托，才会茫然失落。那么作者原来想寄托什么呢？

生：……

师：作者为什么要在这样一个月色清明的夜晚独自跑到荷塘边上来呢？

生：他心里不宁静。

师：为什么不宁静呢？

生：对现实不满……对当时的现实不满。

师：从课本“提示”中我们知道，这篇散文写于1927年，作者对当时黑暗严酷的社会现实不满，于是感到——

生：苦闷。

师：由于苦闷，很自然地就想怎么样啊？

生：希望排除苦闷。

师：噢，想从苦闷中解脱出来。他解脱得了吗？

生：不能。

师：那么课文里写“我也想超出了平常的自己，到了另一世界里”，怎么理解呢？

生：幻想解脱苦闷，暂且解脱。

师：是暂且解脱。后来呢？

生：“什么也没有”。

师：哦，是刚才提到的茫然失落。作者想在“无边的荷香月色”中找到一个宁静的世界，可最终还是失败了，产生了“我什么也没有”的失落。

深刻理解作者在这篇散文中的复杂心境，对于青少年学生是个难点，案例中老师通过不停地追问，终于让学生理解了“我什么也没有”的内涵。根据教学内容进行质疑性提问，重点在质疑上。如“你为什么这样认为”“从哪些方面看出这个问题呢”“你还有哪些疑点呢”。

（二）探讨教材的提问类型

1. 质疑性提问

教师在教学过程中向学生质疑提问，给学生制造问题教学的情境，能激发学生的学习动机和兴趣，使之主动参与、积极思考，从而发展学生的思维能力。

2. 发散性提问

教师提出的问题允许学生进行多角度思考，只要学生言之有理、言之有据，可以允许学生给出多种不同答案，甚至可以有正反不同意见的答案同时存在。这种提问方式在当今推行素质教育的形势下越来越普遍。如政治课中根据材料谈认识，根据漫画自设问题并作答等，如作文教学中的话题作文都属发散性问题，这是培养学生创新精神的好方法。

3. 推想性提问

教师在学生已对所学知识掌握的基础上，提出有价值的问题让学生推理、联想。作文教学中要求学生根据上文续写下文，数学中的推断证明等都属这种提问，重点在于提高学生的逻辑思维能力和想象创造力。

4. 开拓性提问

教师结合教材的重点、社会的热点，让学生运用知识和原理对问题进行分析、解决，激发学生的兴奋点，以利于培养其创造性思维。如政治课上教师问：为打造你心目中的武汉，在绿色行动计划中你打算做什么呢？这样的提问，角度新颖，极富挑战性，学生也很感兴趣，有话可说。

三、提问的艺术性

教师的课堂教学，能否科学地设计出灵巧、新颖、易于激发学生思考的问题，是教学能否成功的关键。那么，应如何进行设计，才能使课堂提问更为科学有效呢？

（一）确定问题内容

在课堂教学中，教师要提的问题一定要经过精心筛选，避免随意性。问题选择得当，能激发学生思维共鸣，激发学生求知的兴趣。但是，如果选择的问题不恰当，容易使学生逐渐失去学习兴趣，从而难以达到教学目的。首先，教师提问要紧扣教学的重点和难点进行。如果漫无边际进行提问，就会抓不住课堂教学重点，即使所选的问题再精彩，也完成不了教学任务。其次，提问要疑而不难，引人入胜。提问的难易应该控制在学生经过听取教师讲解和自己的思考后能够回答出来的程度。再次，提问要有趣味性和吸引力。尽可能选择一些与学生学习、生活密切相关的富有吸引力的趣味性问题，激发学生寻求答案的自觉性和积极性。

（二）把握时机

在课堂教学过程中，教师提问要注意时机。时机得当才能够最大限度地调动学生的兴趣，起到事半功倍的效果；时机不当则会分散学生的精力，起到适得其反的作用。俗话说，良好的开端是成功的一半。在一堂课开始时设疑提问，这时，学生的注意力最集中，教师的问题就可以起到快速激发学生求知心理的效果。在课堂中间提问，应根据课堂教学实际需要，选择学生注意力集中、兴趣旺盛的时候实施。在课尾提问也是不错的选择，教师既可以考查学生对本堂课所学知识的掌握程度，使自己及时认识到所讲授内容的不足以便查漏补缺；同时又可以引导学生预习下一节新课的内容，一举两得。

（三）运用技巧

教师在提问过程中，不能拘泥于某一特定的模式之中，要善于灵活运用多种方式，让学生与教师密切配合，共同完成教学任务。可以点名提问，也可以不点名。点名提问可以更多地引发被提问人的思考，调动被提问人思维的积极性。不点名提问，不需要具体的人来回答，只是为了活跃课堂气氛，引导学生思维，调动全体学生学习的积极性。可以单独提出一个问题，也可以提出几个“一连串”的问题。遇到比较复杂的问题，可以将此问题分解为几个比较简单的问题让学生思考，引导学生得出正确的答案。

四、提问的要点

（一）难易适中

教师设计课堂提问要能激发学生进行积极思维。教师提出过大、过深、过难的问题，会导致全班站起来一大片结果谁也回答不了的尴尬局面，最后只好由教师自己回答。这虽然完成了提问的形式过程，但只是在学生的陪衬下展示了一回教师的高明之处。过小、过浅、过易的问题，学生不假思索即能对答如流，表面上看似熟练的背后会使学生养成浅尝辄止的不良学习习惯。那么，如何正确地掌握课堂提问的“度”呢？有位教育家说得好：“要把知识的果子放在让学生跳一跳才能够着的位置。”这个比喻生动而准确地告诉我们，课堂提问既不能让学生觉得高不可攀，也不能让学生唾手可得，而应让学生“跳一跳”——开动大脑积极思考后才能找到正确的答案。学生只有通过自己的思维劳动取得成果才会感到由衷的喜悦，同时这也能激发学生的积极性和主动性。

（二）全面具体

课堂提问的目的主要是四个基本作用，即评价学生、检查教学、体现学生主体地位和进行启发式教学。为此，教师设计课堂提问要有明确的出发点和准确的针对性。出发点就是两个方面：其一是教学的重点和难点，其二是学生原有的认知结构。教师不应离开教学目的，节外生枝地提出一些又偏又怪的问题，把教材内容搞得支离破碎；更不应该突然冒出一个与教材内容风马牛不相及的难题，打乱教学节奏。所以，对课堂中所提的问题，教师在备课时应精挑细选。严格控制数量和质量，克服课堂提问的随意性。

（三）积极评价

提问手段本身能鼓励和督促学生对课程进行及时消化，认真复习。提问的效果则又能优化学生原有的认知结构。学生对问题有对的回答，那么该问题就能对其原有的认知结构进行肯定和强化；回答不对的，学生也能及时调整改变有欠缺的认识结构。在整个提问的过程中，教师应对每一次问答进行判断，判断学生是否掌握了相应的知识以及掌握的程度如何。

提问过程中的评价，首先要评价学生回答得“对不对”，通常教师应复述一遍完整的正确答案，不能用学生回答代替教师应做的工作。其次要评“好不好”，通常教师都要做出标准的示范。最后无论是赞赏还是批评，都应“对事不对人”。有的教师在学生回答之后，就让其坐下并立即转入另一项活动；有的甚至不请学生坐，使其处于尴尬境地，坐立不安。因此，在课堂提问中，要保护学生回答问题的积极性，从而进一步调动学生学习的积极性，教师应该做到：

1. 以表扬为主；
2. 鼓励求异；
3. 帮助回答有困难的学生；
4. 用积极的评价鼓励学生。

第三节 探讨在教学中的语言艺术

探讨是在教师指导下，由全班或小组成员围绕某一中心问题，各自发表意见，集思广益，以进行互相启发、互相学习的学习方法。此种方法能够真正把学生当作学习的主人，让学生积极参与学习的全过程，使他们的知识与能力在参与学习的过程中得到全面发展。在教学中，教师要根据学科特点与学生的心理规律创设情境，注重诱发学生的求知欲，激发参与动机，强化参与意识，提高参与兴趣，从而使学生自始至终都能主动参与学习的全过程。在学生参与学习的过程中，教师要及时收集、反馈信息并做出评价调控，使学生在精神上得到满足，享受到成功的喜悦。对于有畏难情绪、不积极参加学习的学生，教师应给予真诚的鼓励、热情的帮助、细心的辅导，促其从“要我参与”转变为“我要参与”，增强学生参与的主动性，使其积极投入到学习的过程之中。

一、探讨的基本原则

（一）激发学生兴趣

爱因斯坦说：“兴趣是最好的老师。”兴趣是推动能力发展的一种原动力，是打开知识宝库的金钥匙。兴趣作为一种内在力量，它促使学生萌发强烈的求知欲，从内心产生出一种自我追求，从而自觉努力地去探索，向着认知的目标前进。

（二）充分利用教材

教材是依据课程标准和学生的接受能力编写的教学用书，它是教程和学程的统一，体现出教法与学法的一致性。所以，它是教师与学生联系的桥梁，为教师的创新教育、学生的创造性学习提供依据。

（三）教师的主导性与学生的主动性相结合

探讨教学模式是通过教师的“导向”作用，充分调动学生学习的积极性，使教师的主导性和学生的主体性有机地结合起来。教师在教学过程中不做大段的纯理论讲解，而是适时地对授课重点做启发式点拨，引导学生带着问题去听课，使学习过程有的放矢。

二、探讨的理论依据

（一）创造性教育

创造是人的本质特征，是推动社会前进的动力。美国著名心理学家吉尔福提出：“从已知的信息和回忆的信息中能生成新的信息，这就是创造。”创造性的教学主要是培养学生的发散思维和收敛思维。人在发散思维的思考中，可以沿着各种不同的方向去思考和探索问题的复杂性及事物的多样性。在收敛思维时，方可通过全部信息推导出合理的答案。

（二）系统理论

任何系统的整体都是由若干部分或要素组成，知识也不例外。系统的各组成部分是相互联系、相互依存、共同处于系统整体中的。整体的存在和发展是子系统存在和发展的前提，子系统的发展受整体和其他部分的制约，两者相辅相成。因此，在教学过程中，教师应把握教育教学的整体特征和规律，使各知识内容和能力构成思维培养的各部分、各要素，并协调于系统的整体行为之中，使学科教育和教学都具有创造性，以达到培养思维、拓展能力的目的。

（三）双主理论

现代教学理论认为，课堂教学是“学”为主体、“教”为主导的统一体。“学”为主体是指教学要面向全体，教学活动让学生积极参与，着眼于学生的思维和应用技能，注重学生未来的发展；“教”为主导是发挥教师的积极性和主动性，根据大纲和教材，以教导学，以教促学，以教助学，为培养学生的思维和能力以及综合素质服务。

三、探讨的成效

（一）提高学生学习兴趣

兴趣是求知的内在动力。孔子说：“知之者，不如好之者；好之者，不如乐之者。”探讨教学改变了传统的教学模式中的学生单一的接受，提高了学生学习的兴趣。

（二）留给学生自主学习和思考探索的空间

实行课堂探讨，改变了学生单纯、被动接受教师知识传授的学习方式，让学生从教师的“满堂灌”中解脱，给学生更多空间让他们自己酝酿、思考、研讨问题，并进行相互交流，从而加深学生对问题的理解。

（三）提高学习的针对性和时效性

探讨教学使得学生敞开心扉，畅所欲言，这就利于教师摸准学生的思路和想法，增强了发问和引导的效用，使学生的思维能够得到及时的启发，从而使其思路变得开阔，并且在探讨的过程中让问题变得更为深刻、明晰。探讨的形式可以通过讨论、辩论、对话等方式，使学生在自发学习、自我反思、自我总结、相互启迪中，提高认识，拓展和巩固知识。在此基础上教师对之进行适当点拨，能起到互教互学的作用。

（四）促进学生的思想交流和口头表达能力

在探讨过程中，学生会遇到不能正确表达自己想法或表达出来了但是不被其他同学理解的情况，这也提醒学生注重提高自己的语言表达能力和思维的严谨性。因此，在探讨过程中，学生能在思想交流和口头表达能力方面得到很好的锻炼。

四、探讨中的语言艺术

（一）逻辑性

即教师教学语言应具有严密的逻辑性。我们知道，课堂教学传授的是科学知识，而任何科学都需应用逻辑，也就是说每门学科都是由逻辑思维的链条联结起来的，有其自身内在的层次和条理。要把这种知识传授给学生，教师的语言表达应当符合逻辑思维规律的要求。

（二）精确性

教师进行探讨活动时，语言的精确性同样基于相应教学内容的知识性和科学性。所谓精确，一是精练，二是准确。精练也就是凝练，是指教师的话语要言简意赅，不拖泥带水，不重复啰唆。否则，一是使问题讲不清楚，二是容易产生歧义，更为严重的还会使学生产生厌烦情绪。准确是教师教学语言的基本要求，主要指用词贴切，具体要求鲜明、恰当。

（三）生动性

美国密歇根大学教学研究中心专家罗伯特说：“讲课最主要的特点就在于从本质上说，它是一种单向性的思想交流方式。”这个特点带来的直接后果就是容易使学生产生精神疲倦。因此，成功的教学语言就必须具有吸引力和生动性。教学语言生动才会有感染力，才能促使学生精神亢奋，思维活跃。通俗是教学语言生动性的基础。通俗，就是要朴素自然，以浅显明白的语言表达深刻的专业知识。形象，则是生动性的必要条件，因为形象的东西要比抽象的东西更具吸引力和感染力。在学生接受未知事物和新鲜信息时则更是如此。

（四）创造性

教师以博学取信于学生。那么博学靠什么来反映呢？靠教师讲授教学内容的独创性，以及其讲授内容的思想高度和知识的深度及广度来反映。优秀的教师往往以此取胜。表现在具体的教学过程中，就是教师不仅要传授知识，还要能引导学生学会思索，获得自主学习的方法，培养学生的个性，陶冶学生的情操。还表现在教师能将科学正确的人生观、价值观、世界观融入知识的传授之中，从而真正将“教书”与“育人”融为一体。

五、探讨的形式

（一）情境式

情境式探讨是在突发事件的情境下，教师发挥自己的聪明才智，适时开展教学。当然，教育的方式不是教师自己说教，而是将问题抛给学生进行探讨，让学生自己做主，充分发表自己的观点、看法甚至异议。最后通过探讨丰富学生的知识，升华其道德品质。情境式探讨对教师的语言引导能力有较高要求。

（二）小组分散式

小组分散式探讨，指的是教师把班级分成若干人一组的若干小组，给每个小组布置一定的任务或提出问题，要求小组成员通过讨论共同解决。其实质就是以小组为组织形式，借助小组成员之间的协作，完成特定的任务。这种方法最早出现在 20 世纪 60 年代的英国，现在已在英美等西方国家的中小学教学中获得了广泛运用。随着新课程的推广，小组分散式探讨在我国也取得了一定的成效。

小组探讨在开发学生智能、提高学生解决问题的能力等方面有较大的优势。它是以学生为中心，老师为主导，让学生通过推理、分析运用已学知识而达到训练学生自学能力、推理能力、运用所学知识能力的目的。小组分散式探讨有利于培养学生解决问题的能力，有利于学生获得自学技能，从而有利于实现培养高素质人才的教育目标，满足当今与未来社会发展的需要。但我们也应注意到小组分散式探讨的弊端——它有时间需充裕、讨论主题要明确、学生基础知识要牢固等要求。

（三）班级集中式

班级集中式探讨适合情景较多、解决方法较有争议的课题。教师根据问题自身特点进行判断，若由单个同学或少数几名同学不能对问题进行全面讨论，则需要转向集中全班同学的智慧，在老师的共同参与下，有条理地解决问题，使学生的学习思路更加清晰，同时解决问题的方法得到进一步优化。一般适合班级集中探讨的题目所需的时间较长，为了防止出现学生还没探讨清楚问题就忘记了前面的讨论成果的情况，老师要注意及时总结学生探讨的结果，并做出相应评价。

（四）课堂式

课堂式探讨即发挥教师主导作用，由教师提出问题来，由学生即兴发表意见、进行讨论。这种方式比较灵活，每个学生都有发言的机会，比较适合讨论中心议题多、难度较小的问题。

进行课堂式探讨时，教师要注意引导学生围绕话题中心发言，不要跑题。要鼓励学生大胆发言、踊跃发言。要控制学生发言和探讨的时间。要关注学生的思维过程。要创造民主、平等、和谐的讨论氛围，使每个学生都能够无拘无束地畅所欲言，并及时对之进行总结评价，给予适当鼓励。

第四节　阐释、解惑在教学中的语言艺术

阐释，又叫讲授，是指教师系统地向学生讲解教材、传授知识和技能的教学语言形式，它是课堂教学中最基本的语言表达形式，是教学语言的主体。阐释教学的内容主要是通过讲授的方式传输给学生的。无论是哪一科的教学，讲授都是不可或缺的基本方式。讲授的特点是，让教师充分发挥教学的主导作用，使学生在较短的时间内掌握较多的系统的知识和技能。因此，讲授语言的好坏，更为直接地关系到教学的成败。

解惑，是指在教学活动中，学生经常会提问题，教师也会设计问题让学生回答，当学生自己无法找到答案时，教师应给出答案，或帮助学生找到答案，让学生获得知识和本领。

在教学中，教师如何正确有效地阐释和解惑？《学记》中有专门的论述：“善歌者，使人继其声。善教者，使人继其志。其言也，约而达，微而臧，罕譬而喻，可谓继志矣。”这就是说，教学的语言要易于明白，要微言大义。我国古代教育家是以这样的标准

规范教师教学语言的，那么在新课改背景下的教师又该如何规范自己的语言行为，有效地阐释教材并解决学生的疑惑呢？

一、阐释与解惑的基本原则

（一）科学性原则

教学的基本任务是向学生传授科学文化知识，因此，教师语言就必须具有高度的学科科学性。在学生的心目中，教师就是知识的化身，是学生崇拜的“偶像”。在讲授之前，教师对自己所要讲的内容必须先进行充分的了解和深入的研究，做到概念明确、判断正确、推论合理，把握住每一个问题的内在规律和本质联系。做到思想无谬误，语义不费解、无歧义，并对之进行整理，使之系统化、条理化。科学性是对教师语言表达的内容而言的，它赋予教学语言以强大的雄辩力和征服力。教师的教学语言应力求以无可辩驳的事实和无懈可击的教学论证，准确地表达出自己的思想，并导出令人信服的科学结论，这样才能既保证科学知识的传授，又促进学生科学的思维方式的形成。

教学语言的科学性，主要体现在准确性、精练性、系统性和逻辑性上。

准确性是指正确引用科学术语，准确表达事物的现象和本质，杜绝含糊不清的概念和模棱两可的表述。科学术语往往因一字之差而面目全非，对事物的表达也往往因一个关键词的使用不当或疏漏，而导致错误的结论。例如，“二氧化碳一般不支持燃烧”这句话，不能叙述成“二氧化碳不支持燃烧”。做到准确地使用概念——概念内涵和外延力求表达明确；正确地进行判断——每个判断的主概念和宾概念之间的关系要揭示清楚；合乎逻辑地进行推理——从前提到结论，都要合乎逻辑。如讲勾股定理，不要忽略直角三角形这个条件，也不能做出“所有质数都是奇数”这一全称肯定判断，还有像“某数大于零与某数不小于零”“某数除二分之一和某数除以二分之一”都是不同的概念，教师的讲解必须十分准确。化学中的电离、电解，液态、溶态，挥发、蒸发，白色、无色都是不同的概念，不能混为一谈。可见，教师准确地使用专业性术语至关重要。

精练性就是要言简意赅，干净利落。课堂上说的话应该是多一句嫌多，少一句嫌少。只有这样，讲课才能针针见血，丝丝入扣，言必有中。切忌拖泥带水，啰里啰唆。教师要用最简洁的语言表达最丰富的内容，做到“惜语如金”“丰而不余一言”“约而不失一词”。教师的语言要避免不必要的重复，克服一切阻碍信息传输的因素。在教学实践中，准确与精练并非没有矛盾。比如有时准确了，却同义反复，没完没了；有时精练了，却用语过简，表达概念不全，不够周详严密，也就谈不上准确。

系统性就是指语言表达层次分明、条理清楚，做到前后连贯、上下承接、推导有致、言之有理，便于学生清晰地把握知识脉络，形成完整的知识结构。

逻辑性就是指阐述、论证问题严密周详，无懈可击。教师的语言只有逻辑严密，才能达到简练而深邃。无论自然科学知识还是社会科学知识，都是客观规律的反映。讲解科学知识，必须准确地表达知识的内涵。

总之，对各种现象的描绘，对概念、定义的表达，都要做到语言准确，不使人产生疑义和误解。

（二）描述性原则

教师在阐释与解惑时，教学语言不应只是追求科学性，还应该追求一定的描述性。作为教师，我们需要用一定的描述方式讲解课程，从而鼓励学生与我们共同探究问题。在教学中阐释一个道理，或者解答学生心中的疑惑，教师的语言不仅要有逻辑性和准确性，而且要能诱导学生参与到对话中，诱发、鼓励、鞭策学生去进一步阐释与理解。

描述性的语言指的是教师的教学语言应是大众化的语言，话要讲得通俗易懂、明白晓畅、平易近人，才能使学生听得明白。

（三）入境原则

教师在运用阐释语言时，除了讲清概念外，还应注意激发学生的情感，渲染课堂气氛，促使学生入情入境。例如在讲授英国作家房龙的《〈宽容〉序言》时，先讲一个故事："在茫茫的草原上，当暴风雨将要来临的时候，人们能看到一种天蓝色的小星星。这是些非常奇怪的天蓝色的小火舌，仿佛暗示着某个神话故事似的。据说这些美丽的小星星是古时候一位勇士的血化成的，他的名字叫丹柯。穿越不过的森林从三面把这族人的营地包围着，而在第四面——才是一片草原。当一场灾难降临时，他要把自己的部族领向幸福，但在密林里，他受到了误解、猜疑、谩骂。于是，他撕开自己的胸膛，捧出自己的燃烧的心脏，用心灵之光将人们带出了死亡之地。但是，在人们狂欢的时刻，他却流尽了鲜血，倒在了地上，而他的心也被人们踩碎，变成了这些美丽的蓝星星。丹柯是一位英雄，他深爱着人们，却这样悲哀地死去。那么，我们应该如何对待这些人类的先驱者，如何理解恪守传统和大胆创新的关系？在房龙的《〈宽容〉序言》中，相信大家会找到答案。"

二、阐释与解惑的多种形式

（一）概括法

叶圣陶先生曾写道："就语言的使用来说，大概跟经济工作一样，节约很重要。"教学语言尤其如此。教师讲授时，应当抓住要点，突出重点，提纲挈领，言简意赅地进行表述。这样既有利于加深学生对教学内容的理解和记忆，又可节省教学时间，收到事半功倍之效。如语文教师讲授朱自清《春》的段意时，提炼为“盼春、绘春、颂春”六个字；讲授杨朔的《荔枝蜜》的段意时，提炼为“厌蜂、爱蜂、赞蜂、变蜂”八个字；地理教师讲授降水过程时，概括为“上升——冷却——凝结——降水”八个字；历史教师讲授鸦片输入中国的危害时用“国困、民穷、兵弱”六个字加以概括。这样凝练的词语，以简驭繁的表述，极大地方便了学生的学习。

（二）形象法

1. 学会举例子

有时教师为了让学生听得明白，可以精心设计通俗的语言或一个恰当的比喻。湖南有一位特级物理教师教“液体和蒸发”时，使用晒衣服的例子提问：“刚洗过的衣服要干得快，应晒在什么地方？”学生答：“晒在太阳下面。”教师问：“是拧成一团干得快，还是展开干得快？”接着他稍加概括就把液体蒸发的条件（升高液体温度、增强液体表面空气对流）讲清楚了。这样的讲述，学生不仅易于理解，而且经久不忘。

2. 善于抓特征

例如，有位教授要给他的小儿子讲授“直线”的特点，他写道：“直线的无尽说明它有着执着的追求，直线的挺拔正是它刚正不阿性格的体现，直线的不弯证明它具有宁折不屈的高贵品质。”“赞美直线的挺拔，是因为它性格刚直不阿。”教授拿着一根筷子告诉他的小儿子：“它永远是直线。”儿子却不以为然，拿过来用力地弯曲，然而“啪”的一声，筷子断了。教授说：“拿在手里的仍然是直线，这就是刚正不阿的直线。”由此直线“刚直不阿”的特点浸润在孩子的心里，这是因为阐释事物时抓住了事物的特征，所以让孩子易于接受，印象深刻。

3. 懂得讲故事

有时讲一个故事比空洞的说教更有效果，一个故事就可以令学生心领神会，回味无穷。一次，司马南在某高校进行反伪科学讲座时，一名大四男生问什么叫“奥卡姆剃刀原则”。司马南说：“大学里的男生追女生有两条路：一条是老乡找老乡，通过老乡再找老乡，通过老乡找班干部，通过班干部找班主任，通过班主任找校长的女儿，通过校长的女儿找节目主持人……另一条则是晚自习时盯着女生的眼睛：‘我有一张字条给你，但要回去看。’请问这位男生，你选择哪一条？”男生回答：“选择第二条。”司马南立即对他说：“这就是奥卡姆剃刀原则。”男生恍然大悟。关于“奥卡姆剃刀原则”，辞典上的解释如下：“若无必要，不应增加实在东西的数目。”如果把辞典上的定义复述一遍，听者只能似懂非懂，而司马南用一个通俗易懂的恋爱故事来阐释什么叫“奥卡姆剃刀原则”，不仅把这个专门术语阐释得清清楚楚，而且让学生留下难忘的印象。

（三）归谬法

一位教师在批驳主观唯心主义贝克莱的“存在就是被感知”时，并没有采取直接批驳的方法，而是将他的观点加以引申，直接暴露其观点的荒谬。他设计了这样一段阐释语：“按照主观唯心主义者的观点，客观事物之所以存在，是因为他感觉到了客观事物，凡是没有感觉到的就是不存在的。如果他的这个观点成立，那么，主观唯心主义者就不是他的父母生了他，而是他的感觉生了他的父母。因为，在他降生于这个世界之前，自然是没有感觉的。所以，他的父母当然也是不存在的。他的父母之所以存在，就在于主观唯心主义感觉到了的缘故。”在同学们的哄笑声中，这位老师又引用了唯物主义哲学家费尔巴哈批判主观唯心主义时说过的一段颇有风趣的话："如果猫看见的老鼠只在它的眼睛中存在，只是它的视神经的感觉，为什么猫用它的爪子去抓老鼠，而不去抓自己的眼睛呢？这是因为猫不愿意为了爱戴这些唯心主义者而死于饥饿，并且忍受痛苦。"

（四）引用法

适当引用一些名句、成语典故、诗词、顺口溜、群众口语、民间谚语、电影桥段、文学语言等，也可使讲授生动有趣。1925年，郭沫若在文艺大学开学典礼的讲演中，以古语"纣有臣亿万惟亿万心，周有臣三千惟一心"，来说明办学校不在于人多，而在于团结一心。接着他又引用英国作家卡莱尔的话："英国宁肯牺牲印度，不肯牺牲一位莎士比亚。"寓意深刻，听来兴味无穷。

（五）直释法

即教师抓住所提问题的实质予以直截了当的回答。例如，《变色龙》一课开头有"上帝创造的这个世界"一句，学生不解，问为什么要这样写，老师解释说："上帝创造世界，这是宗教里一种迷信的说法。上帝创造的世界应该是幸福的、美好的，可是当时的社会美好吗？幸福吗？不美好，也不幸福，所以这里用讽刺的手法，是一种反语。"运用直释法，学生较易直接把握问题的答案。

又如，教师在上《药》一课时，学生问："华老栓去买药的路上，'有时也遇到几只狗，一只也没有叫'，为什么不叫呢？这里有什么意思吗？狗是不是指反动派？"老师回答说："这得问那几只狗。要是鲁迅写狗叫了，你可能问：为什么叫呢？有什么意思？——不过我想还是写成没有叫比较合适。从文中的描写看，去看杀头的看客比较多，狗遇到的多了，便不觉得稀罕，不高兴叫了。”这位教师运用直释法直截了当地回答了学生的问题，语言风趣有味。

直释法是一种传统的释疑方法。《论语》中有大量的篇幅是孔子为弟子释疑，而孔子用得最多的便是直释法。兹举一例：“子贡问曰：‘孔文子何以谓之文也？’子曰：‘敏而好学，不耻下问，是以谓之文也。’”运用直释法，学生能直接迅速地把握问题的答案，其不足是学生缺乏思考的余地。

（六）曲示法

即对学生的提问不做直接的正面的回答，而是运用比喻、假设等艺术化手法曲折巧妙地表示出来。如对于“同样的题材为什么要选择不同的体裁去表现”这个问题，一位老师解释说：“一块劳动布，你是用它做连衣裙呢，还是做工作服？不审体裁，就像一个糊涂裁缝，拿过剪刀把一块劳动布剪成连衣裙，把一块花的确良剪成工作服。”这样的回答让学生从具体的形象中感悟到抽象的道理，从而加深对问题的理解。

再如，上《说和做——记闻一多先生言行片段》一课，学生问：“闻一多先生是怎样一个人？”老师向学生朗诵了闻一多先生的《红烛·序诗》中的句子：“请将你的脂膏，不息地流向人间。培出慰藉底花儿，结成快乐底果子！”并说：“这就是闻一多先生的写照，闻一多先生就是一支红烛。”接着他联系闻一多先生的事迹对诗句做了简要的解释。这种回答十分耐人寻味。

（七）反弹法

即把学生提出来的问题反弹回去，由学生自己来解决。例如，一位老师上鲁迅的《孔乙己》一课，学生问：“文章最后一段说：‘大约孔乙己的确死了。’这一句中的‘大约’和‘的确’是矛盾的，作者为什么要这样写呢？”老师说：“对！她提出的问题确实是一个有价值的问题。‘大约’和‘的确’是矛盾的。请问作者为什么要这样写呢？”他把问题反弹给学生。有两名学生回答了，但不得要领，第三名说：“我觉得这一句可以这样理解：孔乙己在社会上没有地位，又很穷，他的死没有人知道得那么确切，只能根据推测来判断，所以用‘大约’一词。而推测的根据是孔乙己一生的遭遇，说明他的死是必然的，所以要在后面用“的确”这个词。”这名学生的解释基本上把握住了问题的要领。

反弹法能有效地调动学生的思维积极性。再如，《珍珠赋》一文中，用“芙蓉花开的日子”来表示季节，一名学生问：“字典上说芙蓉有两种，木芙蓉和水芙蓉，它们开放的季节不同，本文究竟指哪一种？指什么季节？”这个问题有一定的难度，但只需仔细阅读课文还是不难找到答案的，于是，这位老师不正面解答，把问题弹回给学生：“你们说呢？”底下学生开始热烈地发表意见。一名同学说是“水芙蓉”，他引了杨万里“毕竟西湖六月中，风光不与四时同，接天莲叶无穷碧，映日荷花别样红”的诗句加以证明。说文中也是写的花红叶绿，一湖好水，因此“芙蓉花”是指水芙蓉，“芙蓉花开的日子”是指六七月份。另一名同学对这名同学解作“水芙蓉”表示同意，但不同意判断为“六七月份”，他引述了课文中的有关语句进行分析，证明是金色的秋天，秋收季节。学生你一言我一语，思维活跃，课堂气氛热烈。这样既解决了问题，又锻炼了学生的思维，这是运用反弹法的妙处。

（八）点拨法

即教师不直接说出问题的答案，而在关键处稍做指点，开启一条解决问题的思路，让学生自己悟出问题的答案。例如，钱梦龙讲《故乡》一课时，有一名学生问：“课文中杨二嫂说‘你现在有三房姨太太’，鲁迅先生不是只有一位叫许广平的夫人吗？”

钱老师对这一问题没有予以直接回答，只点出：“文艺作品中的‘我’是不是作者自己，大家只要看这作品的体裁是不是小说就行了。”据此，学生用推理证明：《呐喊》是小说集，《故乡》是从《呐喊》中选出来的，当然是小说。从而悟出《故乡》中的“我”不是“鲁迅”，而是作品中的一个形象。

“开而弗达”是点拨法的主要特点。又如，上《白杨礼赞》一课，一名学生提出一个问题：“文章第三段写作者看到高原上极普通的白杨树‘惊奇地叫了一声’，我看有点大惊小怪，写得不真实。”另一名学生答道：“作者惊叫一声是合乎情理的。长途汽车上人恹恹欲睡，眼前景色又单调乏味，这时‘刹那间’‘猛然抬眼’看见‘傲然耸立’的白杨树，精神为之一振，所以才惊叫的。”那名学生并不服气：“精神一振也犯不着惊叫嘛。”同学们七嘴八舌地争论起来。这时教师点拨说：“思考问题一要联系课文思想内容，二要捕捉关键词语。作者为什么惊叫，有关键词语吗？找找看。”一名学生说：“课文第三段‘像哨兵似的树木’中的‘哨兵’是关键词语。暗示作者看到的是人格化了的白杨树，是保卫家乡、保卫黄土高原的哨兵，因而油然而生敬意，情不自禁地惊叫起来。”教师予以肯定后，继续点拨：“其实，作者‘惊叫’的道理不止一个，从不同的角度可以悟出不同的道理来。还能不能从写作背景、构思创作等方面来想想看？”教师引而不发，有意让学生的思维溅出更多的火花。一名学生说：“作品写于抗战相持阶段。作者目睹了国民党消极抗战的种种事实，在踏上黄土高原后，深深感受到解放区军民的了不起，真正看到了我们民族的前途和希望，对白杨树的一声惊叫，实在是对延安抗日儿女的叫好，对民族革命精神的喝彩。”又一名学生说：“本文是运用象征手法的抒情散文。‘一声惊叫’正是作者触景生情、涌动礼赞之情的瞬间写真。”

就这样，在教师的点拨下，学生圆满地解决了问题。

第五节　师生情感交流在教学中的语言艺术

教学中的师生互动是指在教与学的交往过程中，师生之间经过合作、协商、竞争与妥协达成一致而形成一种相互理解、相互学习、相互促进、相互影响的人际关系。在此氛围中，通过合作学习、自主学习和探究学习，学生能充分得到知识掌握、能力培养、思维畅想、个性张扬、创造性解放，体验到平等、自由、民主和尊重；与此同时，教师也能充分得到和谐耕耘、愉快达标、专业成长和自我价值的实现。

实现师生互动的前提是教师和学生进行情感交融，形成一种新型的人际关系。教师应思考自己是否需要“不耻下问”，尤其在信息时代高速发展的今天，老师具备“教”与“学”的双重身份，应考虑自己还要向学生学习什么，应该怎样让学生敢于张扬个性、表达心声、阐述观点，使师生平等地进行教学共事，不被过多的条框束缚，通过相互参与、相互沟通、相互影响、相互补充、相互受益，从而达成共识、共享、共进。

一、师生互动的框架

师生互动的结构包括以下四个方面：

（一）师生互动的主体

即教师和学生，教师和学生均不是独立地出现在互动中，而是共同参与在互动活动中的。

（二）师生互动的基础和条件

即师生互动存在和发生的背景，其中，包括互动当时的具体情景，也包括以往师生互动的状况，还包括师生双方的个性、行为特征。

（三）师生互动的过程

即师生相互影响和交互作用的过程，其中，既包括师生双方各自认知、情感体验和行为表现的过程，还包括二者相互影响的过程。

（四）师生互动的结果

包括师生双方对互动结果的认识、情感体验、满意程度，以及互动过程中双方共同解决问题的效果等。

师生互动的上述四个方面并存于相互影响的有机系统之中。

二、师生互动的含义

师生互动是存在于师生间并在师生间发生的一种人际互动。其互动主体是教师和学生，并且师生双方在互动中是同等重要、互为主体的。师生互动的实质有：

（一）师生互动是交互作用和相互影响的过程。师生互动不是教师对学生或学生对教师的单向、线性的影响，而是师生间的双向、交互的影响。同时，师生间的这种交互作用和影响又不是一次性的或间断的，而是一个链状、循环的连续过程，师生正是在这样一个连续的动态过程中不断交互作用和相互影响的。

（二）师生互动是多角度多层面的。师生互动从本质上讲，是一个包括发生在多情景中的、具有多种形式、多种内容的互动体系。除此之外，还需要明确师生互动与师生关系的联系。它们在一定程度上是相互包容和共生的。以往一些研究更注重对师生关系的静态研究和理论思考，而忽视对师生互动的动态研究和实证分析，因而往往不能从深层挖掘师生互动与师生关系的性质、形成过程、影响因素和机制等，难以从实质上改善教学实践和教育效果。

三、师生互动的特性

（一）教育性

首先，师生间互动的目的就是为了促进师生双方特别是学生的学习、认知和社会性的发展。其次，师生互动发生的情景具有多样性，教师的态度言行对学生具有潜在的、巨大的榜样、示范性影响。再次，由于教师角色的特殊性，教师在学生心目中的特殊地位，其自觉或不自觉流露出来的对学生的情感、期望与评价，将直接影响到学生的自我认识、社会行为、师生互动及其教育效果。

（二）双向性

在师生互动中，教师的行为对学生有很大影响，另一方面，学生的行为同样会对教师产生影响，构成师生影响的双向交互性。师生间的这种双向、交互影响不是一时的、间断的，而是连续的、循环的，不但在互动当时对师生双方产生较大影响，还会对其以后的互动产生影响，从而表现为一个既交互又呈链状的循环过程。

（三）网络性

从横向来看，课堂上师生间的个体互动会影响其他学生和教师间的互动；从纵向来看，则会影响到以后师生双方本身的互动及该教师和该学生与其他学生、其他教师间的互动交往。

（四）系统与综合性

师生互动绝不仅仅是师生双方交往或各自个性、特征的总和，而是一个受多方面影响的、包含多种成分在内的综合网络系统。一方面，师生双方以往的交往经验、相互间的认识、对交往和双方关系的期待、互动过程中双方不同的反应，甚至外界的评价、对互动双方行为的反应等，都会影响到师生互动，并进而影响互动效果和教育效果。另一方面，师生互动正如前所述，绝不仅仅是教学过程中的互动，而是包含了师生在日常生活、各种活动中的多种形式、内容和情景的互动系统。

四、师生互动的原则

在创设良好的互动交流情境的时候，以下基本原则是教师应当考虑和遵循的。当然，一个好的互动交流平台，应“因地制宜”，灵活设计构建，并不一定要符合所有的基本原则。

（一）平等性

交往论承认教师与学生都是教学过程的主体，都是具有独立人格价值的人，两者在人格上完全平等。师生关系是一种平等、双向交互的人际关系，这种关系得以建立的最基本形式和途径便是交往；离开了交往，师生关系只能是浮于表面，不能成为教育力量的源泉，甚至可能反倒成了教育的阻力。

当前师生人际关系中普遍存在着教师中心主义和管理主义倾向，这严重地剥夺了学生的自主性，伤害了学生的自尊心，摧残了学生的自信心，由此导致学生产生对教师的抵触甚至怨恨情绪，使得师生关系处于冲突和对立之中。由此，改变这种异常的师生关系成为新课程改革的焦点问题。可以说，通过交往重建人道的、和谐的、民主的、平等的师生关系是教学改革的一项重要任务。

（二）互惠性

交往论强调师生间、学生间动态的信息交流，通过信息交流实现师生互动，相互沟通，相互影响，相互补充，从而达成共识、共享、共进。这是教学相长的真谛。交往昭示着教学不是教师教、学生学的机械相加，传统的严格意义上的教师教和学生学，将不断让位于师生互教互学，彼此将形成一个真正的“学习共同体”。对教学而言，交往意味着对话，意味着参与，意味着相互建构；它不仅是一种教学活动方式，更是弥漫、充盈于师生之间的一种教育情境和精神氛围。对学生而言，交往意味着心态的开放，主体性的凸现，个性的彰显，创造性的解放。对教师而言，交往意味着上课不是传授知识，而是一起分享理解；上课不是无谓的牺牲和时光的耗费，而是生命活动、专业成长和自我实现的过程。交往还意味着教师角色定位的转换；教师由教学中的主角转向“平等中的首席”，从传统的知识传授者转向现代的学生发展的促进者。可以说，创设基于师生交往的互动、互惠的教学关系，也是教学改革的一项重要任务。

（三）开放性

教学是预设与生成、封闭与开放的矛盾统一体。凡事预则立，不预则废。教学是有目标、有计划的活动，预设是教学的基本要求。传统教学过分强调预设和封闭，从而使课堂教学变得机械、沉闷和程式化，缺乏生气和乐趣，缺乏对智慧的挑战和对好奇心的刺激，使师生的生命力在课堂中得不到充分发挥。封闭导致僵化，只有开放，才有可能盘活。开放，从内容角度讲，意味着从科学世界（书本世界）向生活世界的回归。生活世界是科学世界的基础，是科学世界的意义之源。教育也必须回归生活世界，回归儿童的生活。教育是人的教育，是科学与生活教育的融合。从过程角度讲，人是开放的、创造性的存在，教育不应该用僵化的形式作用于人，否则会限定和束缚人的自由发展。人是未完成的非终极的存在，教育不应该把培养的中点当作终点，以目标取代目的，否则就会阻隔人的发展。人是不可限定的，教育不能限定人，只能引导人全面、自由、积极地生成。教学过程是师生交往、互动的过程，学生不是配合教师上课的配角，而是具有主观能动性的人。他们作为一种活生生的力量，带着自己的知识、经验、思考、灵感、兴致参与课堂活动，并成为课堂教学不可分割的一部分，从而使课堂教学呈现出丰富性、多变性和复杂性。

（四）敏感性

教师在课堂上既要与学生群体、学生个体产生互动，同时又应是课堂互动的调控者。教师需要提高教学敏感性，善于巧取教学时机，激发互动。在课堂中，如果教师不注意引导，很多学生会由于害怕被别人发现错误而掩饰、遮盖自己真实的学习过程。有的学生本来有自己的想法却因随大流人云亦云，有的学生本来有疑问也不敢提出来让大家讨论，导致错过进行思维碰撞的机会。因此，老师可以跟学生共同创造一些课堂制度：如奖励发表异议的同学，鼓励大胆发言的同学，批评讥笑别人错误的同学……让每个学生都敢于暴露真实的思维，愿意表达真切的情感体验，大胆实施自己的学习策略，以促进生生间、师生间产生更广泛更深刻的互动。

五、师生交流的常用形式

有价值的教育一定是让学生个性得到高度发展的教育。正如美国著名学者基夫所言："个性化教育将成为 21 世纪教育的必然选择，也是教育改革的核心。"师生互动就是要以尊重和发展学生的个性为核心，有目的但不拘一格地开阔课堂教学新视野、新路子，让学生独立读书论课、主演课堂，独立发现问题、思考问题、解决问题，发挥个性和创造力，进而学得通畅。常用的师生交流形式有以下几种。

（一）张扬式

学生的个性发展，需要个性化的课堂教学方式。教师要允许学生自主选定详讲和略讲的内容，允许学生自由形成学习小组，允许学生自由开放地进行课堂发言，允许学生随时提问，允许学生相互辩论，充分尊重、细心呵护学生个性，即做到所谓的"以学定教"。

例如，化学“氯气”这堂课的教与学可这样进行：

媒体播放第一次世界大战德军施放“毒气”的片段，引入新课。

阅读教材后，让学生畅谈交流，老师适当点评：

1. 你读懂了哪些？大家一起交流看法。

2. 哪些地方你不懂？哪些同学可给予解惑帮助？

3. 你喜欢哪些实验设计？哪些实验值得改进？为什么？

4. 哪些性质的应用较精彩？哪些性质的应用还可进一步开发改进？为什么？

实践发现，放手让学生自学并交流自学收获，学生的学习劲头十足，思维活跃，学生的主体地位也受到了尊重。学生通过自学收获的交流就是个性化行为，学生在自主学习过程中梳理完善了知识，发展了能力。学生发言精彩处老师肯定赞扬，不妥时老师巧妙点评、妥善处理，同时也充分发挥了教师的主导作用。

（二）点拨式

学生能够自己学懂内容，但他们往往存在这样或那样的问题。另外，一些天赋较好的学生学习常规课堂知识往往只需要花费其他人$\frac{1}{3}$至$\frac{2}{3}$的时间，这就意味着老师必须搞清楚剩下的$\frac{1}{3}$至$\frac{2}{3}$的时间里这部分学生要做些什么，即老师既要关注学生学得“多”、学得“对”，还要兼顾一部分学生要学得“不同”。

教师之为教，不在全盘授予，而在相机诱导。相应地，学生之为学，也不全依赖于课堂及老师，而是以课堂为核心的多方渗透。因此，老师的功夫就应表现在以其特有的智慧和魅力，让学生带着课前自主学习的问题进课堂，经过教师点拨之后，学生又能带着新的求知欲望活跃在课堂之外，这样能使有限的课堂发挥超越时空的功效。

（三）生活体验式

生活体验式就是学生每学到一知识点，教师就设法诱导学生与自己身边的实际生活、所见所闻发生关联。一旦所学的东西被派上用场，学生求知的劲头会更足，这也是教学要求延伸课堂、激活知识、发展学生能力的题中之意。

例如，教学“电解质溶液”时，教师鼓励学生联系身边生活中的“pH值”问题。董行同学在回家当天，就立即做了“家庭小实验”——“测定雨水的pH值”、测“洗衣机排放水的pH值”。突然，有一种特殊的感受让他连连叫好：家里的全自动洗衣机有一个致命的弱点——漂洗时不论衣物多少，漂洗的次数老是一样，用水量老是一样，漂洗程度却大不一样，这在节约用水和漂洗干净与否等方面极不科学。能否通过探测漂洗液的pH值来准确控制漂洗次数和用水量呢？于是他立即展开了“洗衣机pH值‘眼睛’自动控水”研究。尽管该项目的研究一直有很多难关，但这一问题的发现和奇妙设想却受到了有关部门和专家的高度评价和重视。爱因斯坦说得好：“发现问题比解决问题更重要。”更重要的是，身边的“需求”又激励着董行愉快勤奋地去学习，他说：“我好像进入了有史以来最佳的学习状态。”

由于以上教学方式的渲染，董行也渐渐养成了“学习－联想”的学习习惯，他在思想和学习成绩不断进步的同时，还进行了不少创新设计尝试。例如，他发现同楼道邻居家的聋哑人生活困难且隐藏着危险，于是搞起了“聋哑人门铃”“聋哑人报警器”的设计和研究，后来他真的研制出了“聋哑人报警器”，并以此获得“小小发明家全国大赛二等奖”“宋庆龄基金科技创新大赛一等奖”，受到了专家的广泛好评。高考时，复旦大学以“自主招生”单列录取了他。

（四）研讨式

专题研讨法是指教学实践中围绕一个特定疑难问题，师生共同进行多角度多侧面的分析思考，提出解难设想，力求彻底解决问题的教学方法。教师往往通过展示相关案例引导学生对其进行多方面的研讨、分析、理解、提炼和总结，最终解决问题并总结解决该问题的方法和规律。成功的专题研讨法有很强的说服力，可以对学生的学习产生深远的影响。

六、师生交流具体注意内容

（一）时刻保持微笑

微笑待人是一种健康心态和良好心理素质的反映，它体现了我们的乐观、自信、平和与从容。即使是那些素不相识的人，也会从我们的微笑中受到感染，而我们也能在带给别人好心情的时候保持一份自己的好心情。

微笑的人更容易让人接近。在一个冷若冰霜和一个面带微笑的人中间，我们都会选择后者。满脸冰霜的人，人们避之犹不及，更何谈交往；谈笑风生的人，让我们与其交往时如沐春风，相交自然就容易深入。

微笑会使隔阂更容易消除，矛盾更容易化解。我国俗谚“伸手不打笑脸人”说的就是这个道理。在日常行为中，如果我们小有过失，往往一个真诚的微笑就可以化解对方的不快。在矛盾冲突中，善良的微笑能够让情势缓和甚至转折，最起码也可以为人营造出一个良好的解决问题的氛围。

微笑是教师在教育教学中的重要体态语言。在师生交往中，教师保持微笑，具有举足轻重的作用。

1. 表明教师心境良好

面露平和欢愉的微笑，说明一个人心情愉快，充实满足，乐观向上，善待人生，这样的教师才会产生吸引学生的魅力。

2. 表明教师充满自信

面带微笑，表明教师对自己的能力有充分的信心，以不卑不亢的态度与学生交往，使学生产生信任感，容易被学生真正接受。

3. 表明教师真诚友善

微笑反映自己心底坦荡，善良友好，待人真心实意，而非虚情假意，使学生与教师交往自然放松，不知不觉地缩短了心理距离。

4. 表明教师乐业敬业

工作岗位上保持微笑，说明教师热爱本职工作，乐于恪尽职守。如在课堂上，微笑更可以创造一种和谐融洽的气氛，让学生倍感愉快和温暖。

真正的微笑应发自内心，渗透着自己的情感，表里如一。毫无包装的微笑才有感染力，才能被视为沟通的“增效剂”。下面的方法可以帮助教师学会更好地微笑。

1. 微笑的基本方法

先要放松自己的面部肌肉，然后使自己的嘴角微微向上翘起，让嘴唇略呈弧形；然后，在不牵动鼻子、不发出笑声、不露出牙齿的前提下，轻轻一笑。

微笑除了要注意口形之外，还需要注意与面部其他各部位的相互配合，尤其是眼神中的笑意，整体协调才会形成甜美的微笑。

2. 微笑练习

（1） 对镜练习

使眉、眼、面部肌肉、口形在笑时和谐舒缓，不紧绷。

（2） 诱导练习

调动感情，发挥想象力，或回忆美好的过去、愉快的经历，或展望美好的未来，使微笑源自内心，有感而发。

微笑可以反映教师崇高的修养，待人的挚诚态度。教师的微笑能有效地缩短师生之间的距离，给学生留下美好的心理感受，从而形成融洽的交往氛围。

（二）沉默是金

在人际交往当中，沉默是一种难得的心理素质和可贵的处世之道。

当人具备优势的时候需要懂得沉默。“天地有大美而不言”，太阳不语，自是一种光辉；高山不语，自是一种巍峨；蓝天不语，自是一种高远……人也一样，桃李不言，下自成蹊。取得成绩的时候需要沉默。面对成绩和掌声，成功者报以深深的一鞠躬，这是无声的语言，是恰到好处的沉默。遭受挫折的时候需要沉默。在失败和厄运面前，拭去眼泪，咬紧牙关，默默地总结教训，然后投入新的战斗，不失为上策。等待时机需要沉默。造化总是把机会赠送给有充分准备的人。怨天尤人无济于事，不断充实和完善自己才是可靠的。承担痛苦的时候需要沉默。如果亲友沉浸在不能自拔的悲伤之中，此刻，无论你说什么，他都听不进去，那就默默地陪他度过一段时光，默默地为他做一些事情。心灵沟通的时候需要沉默。不是随便打断别人的话头，而是选择默默倾听，在倾听中建立信任。

作为教师，在课堂教学中应该恰当使用沉默，发挥其特定作用。

1. 沉默具有控场作用

上课铃响了，教师走进教室了，发现学生仍然喧嚷不止，教师如默不作声数十秒，肃立讲台，伴之以严肃的目光直观或环视学生，很快课堂便会安静下来。教师正津津有味地讲课，下面有两名学生却在叽叽喳喳聊天。教师突然沉默，走向那两名学生，这一行为会引起全班同学的注意，让周围同学的目光提醒这两名同学立刻停止谈话。

2. 沉默具有强调作用

教师讲课时，若要强调或突出某些内容，便可在此之前突然有意停顿一会儿，然后再以适当的语速讲解后面的内容。这样能引起学生的注意力，使他们急切地想知道教师下面将要讲什么。

（三）注意倾听

除了沉默，教师还要学会掌握另一种“无声武器”——倾听。

倾听与讲话一样都是思想交流的方式，有时倾听比言说更有意义。倾听不仅是对他人的善意，也是说话人自己的体面。曾看过一则关于倾听的佳话：

一天，美国著名节目主持人林克莱特在访谈一名小朋友时问他：“你长大后想当什么？”小朋友天真无邪地说：“嗯，我长大后要当飞机驾驶员！”林克莱特接着问：“如果有一天，你的飞机飞到太平洋的上空时，所有的引擎都熄火了，你会怎么办？”小朋友想了一想说：“我先告诉飞机上的人绑好安全带，然后挂上我的降落伞，先跳下去。”在座的观众笑得前俯后仰、东倒西歪时，林克莱特仍注视着这孩子，没想到孩子的两行热泪夺眶而出，这让林克莱特感觉到了这孩子的悲悯之情远非笔墨所能形容得了的，于是他便问孩子：“你为什么要这样做呢？”小朋友的回答透露出一个孩子真挚的想法：“我要去拿燃料，我还要回来！我还要回来！”正是由于林克莱特保持了倾听者的一份亲和力、一份平和、一份耐心，才使大家听到了这名小朋友的善良、纯真的心语。

而教师作为“人类灵魂工程师”，更应发挥其良好的倾听品质。教师给不给学生机会表达自己并且能被倾听，是学生能否获得敞开心扉的快乐的关键。学生不被倾听，可能会以捣乱的方式表现自己，或者以自闭的方式“虐待”自己。老师只有通过耐心倾听学生，才能使学生打开心灵的窗户，看到学生内心深处的情感和灵光，才能与学生搭建起心灵的桥梁，教育教学也才能收到事半功倍的效果。下面一则日本教育小说所讲的是关于老师对学生倾听与否所产生的不同效果：

一个天真烂漫的孩子在学校里读书，她非常喜欢年轻漂亮的女老师。可是，当孩子高兴的时候，总是在静悄悄的课堂里弄出烦人的响声，不是手舞足蹈，就是翻动桌板。年轻漂亮的女老师全然不顾小女孩和她家长的情面，也没有兴趣了解孩子的心思，十分坚决地要求小女孩家长把她转离该校。

孩子的母亲无可奈何，小女孩却根本不知道老师对她的看法。家里费尽了周折，终于在报纸上找到了一所看上去适合这个小女孩的学校，于是母亲便带着孩子去看一看。这所学校在乡村，教室是用两节旧火车车厢组成的。学校没有很正规的院墙，直接被广阔的大自然所环绕。那里的学生每人会分到一棵树，他们可以在树上攀爬嬉戏，也需要对它细心呵护。学期结束时，学校对学生的奖励是校园里栽种的水果蔬菜。所有校园的一切都与自然和谐相关。

孩子来到学校，最开心的就是接待她的校长耐心地听她随心所欲地说了两个多小时，她得到了从未有过的满足。她多么希望那位年轻漂亮的老师也能够像这位校长那样听听她的想法。于是孩子留了下来，她找到了适合自己的天地。教育者的倾听给了她敞开心扉的快感，也使她自然地步入人生的最初阶段。

老师通过做学生忠实的听众，可以让学生敞开思想的大门，无拘无束地诉说自己心灵深处的感悟。

（四）把话说到心坎上

苏霍姆林斯基说：“真诚的关切，这是和谐发展的一般基础，在这个基础上的各个品质都会获得真正的意义。”他强调的是教师与学生交往中，教师说话要真诚，要以心换心，这样才能达到成功教育的目的。一位班主任讲述了他的成功案例：

学生小凯从不爱惜书本，乱涂乱画，书面整个儿是“脏乱差”。再看看书角，千层卷万层毛，活像一个小“非洲茅屋”。唉，怎么办呢？教师惋惜地帮他抚平书角，他默默看着，似乎也很惋惜。他或许会改，可他能够保持多久呢？半学期，一个月，还是一个星期？教师看到自己的教学书平平整整，有了主意。“我有个提议，咱们俩换书用，期末换回来，好不好？”孩子将信将疑。“不过，你要爱惜我的书。当然，我也会很爱惜你的书。你能不能保证，期末还我一本漂亮的书？”孩子笑了，冲老师点点头。后来的日子里，老师只偶尔说过孩子一两次，而孩子手里的那本书确实是一直保存完好的。

第六节　演讲中的语言艺术

演讲又叫演说，它是运用口头语言，当众发表言论，进行宣传和交流思想的重要方式，是最能展现口才的言语活动之一。演讲也是演讲者品格修养、知识经验、思想情操、风度仪态的具体展现，是演讲者将语言与思想内容相统一，产生听觉效果；又将姿态、动作、神情统一起来，产生视觉效果的协调综合的言语实践活动。对教师而言，演讲是充分展现个人素质，充分调动学生各方面积极性的重要手段。新课程背景下强调要充分发挥教师的主导作用，而较强的演讲能力是教师发挥主导作用的必要条件。

关于演讲类型的划分，可谓五花八门，多种多样。目前，我国演讲理论工作者多以形式为标准，把演讲分为备稿演讲和即兴演讲两种类型。

备稿演讲又称命题演讲、专题演讲，它是根据指定的题目或限定的主题范围，事先写好演讲稿的演讲，是一种最基本的、得到普遍运用的演讲方式。

一、备稿演讲的特征

（一）充分准备讲演稿

备稿演讲要求演讲者事先确定演讲的题目，然后根据选题来收集选择材料，通过周密的思考和认真的推敲之后，写好演讲稿，并对演讲稿反复记忆和练习，达到烂熟于心。在经过这一系列充分的准备之后，演讲者才能正式登台进行演讲。

（二）内容稳定

备稿演讲同即兴演讲相比，它的内容是相对稳定的。它一般不会对事先写好的演讲稿的内容做多大的变动。魏书生以“怎样教好语文”为题，在全国各地做了一百多场演讲，每次演讲的内容基本相同，并没有多大的变化。再如，俞敏洪的“励志演讲”内容也基本一样，但激励了一代又一代大学生。这就充分体现了备稿演讲内容相对稳定的特点。另外，备稿演讲在结构方面要求相当完整，它对演讲的开头和结尾、层次与段落、过渡与照应都有较全面的要求。

（三）具有针对性

所谓针对性，就是指演讲稿要自始至终面对特定的听众，要服务于特定的听众。教师演讲的对象要么是学生，要么是同行，要体现出强烈的针对性，就必须事先对听众各方面的情况进行调查了解，做到心中有数。比如，如果演讲的对象是学生，就要把学生的年龄特征、思想感悟、心理特征、兴趣爱好等方面的情况做一定的了解，然后根据这些情况，和自己所要讲的问题结合起来考虑。尽量使所讲的内容与学生的实际情况联系起来，这样学生才不会觉得教师的演讲事不关己而反应冷漠。

二、备稿演讲的原则

（一）精心选材

俗话说："巧妇难为无米之炊。"没有材料，演讲者是写不出演讲稿来的。要想获得演讲的材料，就得靠平时的收集和积累，积累材料要如"韩信点兵，多多益善"。只有大量详细地占有材料，写起稿来才能左右逢源，得心应手。

1. 围绕主题

主题是"灵魂"，是"统帅"。主题是在材料的基础上形成的。但是主题一旦形成，又反过来对材料具有制约作用，成为选材的依据。凡是能有力地证明主题的材料就选用，凡是不能证明主题，甚至与主题无关的材料就不能选用。如主题是"谈勤奋"，就应该选择勤奋好学、刻苦努力方面的材料，"讲卫生""乐于助人""讲礼貌""讲文明"等方面的材料就不能选用。

2. 选择新颖、有趣的材料

所谓新颖的材料，就是指鲜为人知的材料，如果材料陈旧，即使再典型，也使观众感到乏味。

有趣的材料可以调节听众的注意力，激发听众的兴趣，活跃演讲气氛。例如鲁迅在《魏晋风度及文章与药及酒之关系》中，每谈到一个事件、一个人物，总是掺杂一些有趣的故事。如讲魏为什么崇尚通俗的文风，鲁迅就讲了两个故事以说明当时的人自命风流的固执。一是《太平御览》中范丹探姐，吃饭之后，要给姐姐钱，他姐姐不肯要，他出门之后，将钱扔在街上，算是付过了。二是"竹林七贤"中的刘伶，他不穿衣服，以天地为屋，以屋为衣，并指责客人到自己家是进自己的裤子里。像这样生动有趣的历史故事，若在演讲中灵活运用，必为增添演讲的艺术效果起到很好的作用。

（二）开头要引人入胜

好的演讲都有精彩的开头，一开始就把听众的情绪调动起来，换句话说，开场白必须具有鼓动性、吸引力。常用开场白的设计有以下几种方式：

1. 问题法

演讲者一开始就把问题提出来，或把自己的观点亮出来，做到鲜明突出，抓住人心。例如，一篇题为《艰苦奋斗的传统不能丢》的演讲稿的开头是这样设计的："一段时间以来，我一直被一个问题困扰着：现在生活好了，吃穿喝用都不用愁了，作为优良传统的艰苦奋斗精神还有必要发扬吗？"这样开门见山地提出问题法，使听众也跟着思考，同时他们又希望听到你的看法。

2. 介绍法

介绍法可以是对演讲标题的简单解释，也可以是对演讲的内容或演讲者本人扼要介绍，以求加深听众对演讲的理解。例如，李老师关于"大学生的责任"的演讲开头就是从演讲的题目说起的："同学们，我今天演讲的题目是'大学生的责任'，大家一定会说，这题目都让人讲烂了，你怎么还讲？是啊，我为什么还要讲呢？昨天，在一个同学的笔记本上发现了一首中英文结合的小诗，诗中写道：人生本是 happy，何必苦苦 study，拿到文凭 go away，既是如此 busy，何必天天 study，娶个漂亮 lady，抱个胖胖的 baby。读到这里，我的心在颤抖。难道说，我们学生只是为了考试和漂亮 lady 吗？不！绝不！这可怜的百分之零点几不能代表我们百分之九十九点几的！为此，我今天要认真讲一讲'大学生的责任'。"

3. 引用法

演讲者通过引用名人名言、格言、警句、歌词诗句等，以提出问题或论证自己的观点。如丁伯江老师《今天，当国歌响起时》的开头就是这样的：“同学们！你们还记得那首震撼人心的国歌吗？‘起来，不愿做奴隶的人们’。”这种引用使他的演讲效果慷慨激昂，激动人心。

4. 设悬法

在演讲开始设置悬念，以激发听众的兴趣，使听众产生“到底如何”的期待心理。如苏敏老师的《应该感谢她们》的演讲稿就是这样开头的：“我今天演讲的题目是：应该感谢她们！感谢她们！她们是谁呢？她们不是驰骋疆场的猛士，可是驰骋疆场的猛士不能没有她们；她们不是胸佩勋章的英雄，然而，又有多少英雄把勋章戴在她们的胸前，她们是谁呢？她们就是：军人的妻子！”这个开头通过巧妙地运用设置悬念手法，达到了引人入胜的艺术效果。

（三）备稿演讲要讲究语言的艺术性

演讲离不开语言，演讲就是语言的艺术。演讲的话语特点是除了将一般的书面语言和口语表达相结合，还要有自己独特的个性特征。只有娴熟地掌握演讲语言的艺术，才能准确、贴切、生动、形象地表达出演讲者的思想感情。

1. 演讲的语言要准确、简洁

准确是对演讲语言最起码的要求。准确的语言具有科学性，能逼真地反映出现实面貌和思想实际，达到宣传、教育、影响听众的目的。如一位教师演讲中写道：在犯罪分子策划、实施的一场爆炸案中，死亡无辜群众 68 人，牺牲公安干警及武警战士 3 人，犯罪分子因没能及时逃跑而当场毙命。可以看出，死亡、牺牲、毙命都指人的生命的丧失，而死亡是中性词，牺牲含褒义，毙命则含贬义。所谓语言的简洁，就是用最少的字句准确表达出所要陈述的思想内容。摒弃无意义的信息和多余信息，压缩次要信息，使语言“满载”能量。鲁迅的经验是“竭力将可有可无的字、句、段删去，毫不可惜”。例如邹韬奋先生在公祭鲁迅的大会上的演讲只有一句话：“今天天色不早，我愿用一句话来纪念先生：许多人是不战而屈，鲁迅先生是战而不屈。”真可谓言简意赅，这一句话就高度概括了鲁迅先生作为无产阶级文化战士革命的战斗的一生。

2. 演讲语言要通俗易懂

演讲的语言是用来交流思想、传递信息、表达感情的。演讲语言必须通俗易懂，这要求演讲人要用口语化的语言来发表演说。艾青曾说:“口语是美的,它存在于人的日常生活里。它富有人情味。它使我们感到无比的亲切。”所以在选择学生喜闻乐道的词汇的同时，要注意适当选择那些口语化的词语和句式。双音节和多音节的词语比单音节的词语容易上口，也更加好听。

3. 演讲的语言要生动幽默

要使演讲具有鼓动性，让学生知道老师真挚的思想感情，就必须使用生动的语言。生动的语言不仅要求语言要形象化，还要足够幽默风趣。莎士比亚说：“幽默和风趣是智慧的闪现。”幽默可以让学生觉得老师学识渊博，且更加平易近人。另外，幽默本身就是思想教育的武器。比如毛泽东当年对那些刚愎自用、脱离群众的领导干部，通过幽默的话语进行了善意的批评——“我们有些第一书记连封建时代的刘邦都不如，倒有点像项羽。这些同志如果不改，最后要垮台。不是有出戏叫霸王别姬吗？这些同志如果总是不改，难免有一天‘别姬’就是了。”由于幽默的出发点是善，结果是使人悟，因而也是教育人的苦口的良药。寓教于幽默，才能使受教育者心悦诚服。

（四）正文要层次清楚、结构分明

演讲稿的正文是演讲稿的主体。古代文论家认为，文章的中间要像“猪肚”，即有内容，有充实的材料。但是，光有内容、材料是不够的，还必须根据主题的需要，精心组织，合理安排材料，从而使主体的结构既严谨清晰，又生动巧妙，富有波澜。

（五）结尾要余音绕梁

结尾是演讲内容的自然收束。言简意赅、余音绕梁的结尾能够使听众精神振奋，并促使听众不断地思考和回味，而松散疲沓、枯燥无味的结尾则只能使听众感到厌倦，并随着事过境迁而被遗忘。怎样才能给听众留下深刻的印象呢？美国作家约翰·沃尔夫说：“演讲最好在听众兴趣达到高潮时果断收束，未尽时戛然而止。”这是演讲稿结尾最为有效的方法。在演讲处于高潮的时候，听众大脑皮层高度兴奋，注意力和情绪都由此而达到最佳状态，如果在这种状态中突然收束演讲，那么保留在听众大脑中的最后印象就特别深刻。演讲稿的结尾没有固定的格式，可以是对演讲全文要点进行简明扼要的小结，或以号召性、鼓动性的话收束，也可以以诗文名言以及幽默俏皮的话结尾。

【案例】

为了无悔的承诺

我喜欢这样一首小诗：“有一首歌最为动人／那就是师德／有一种人生最为美丽／那就是教师／有一种风景最为隽永／那就是师魂／不要说我们一无所有／我们拥有同一颗火热的太阳／我们拥有同一片广博的天空／在同一片天空下／我们用爱撒播着希望……”当初为人师的我把它工工整整地抄在我日记本扉页上的

时候，“用爱撒播希望，用真诚对待学生”便成了我无言的承诺。

记得有人曾说过：“我曾想做一个伟人，但没有成功；后来我又想做伟人的妻子，业已失败；现在我想通了，我要做伟人的老师。”刚参加工作，我便带着“做伟人老师”的欣幸整天徜徉于学生中间，望着一张张童稚的笑脸，听着一句句真诚的话语，感受着心与心碰撞时的那份快乐，我觉得自己仿佛走进了生命中最灿烂的时刻。于是，每天，我早早来到教室，看着同学们陆续走进去，耳边随之飘来一声声问候，有时候我来不及回应，他们会再叫一遍，我为这份亲密而感动。当我患病感冒的时候，嗓子因为疼痛而有些沙哑，为了不耽误学生的课，我坚持走上讲台，而首先映入眼帘的便是讲台上的一杯清凉的开水和几粒“胖大海”，我为学生的这份真情感动不已……看着孩子们一拨一拨在涓涓细流的浇灌下健康成长，我由衷感受到无价的真诚和为人师表的幸福。

随着素质教育的不断推进，我校教育也迎来了改革的春天。一次，校领导的一句话深深触动了我：有的教师教了30年书，只相当于教了一年。因为他们只教了一年而重复了29次。这话使我警醒：是啊，21世纪是一个需要开拓、充满生机的时代，创新已成为时代的主流、教育的主导。所以，为了承诺中的那缕阳光能更加五彩斑斓，我联合本部级的另两名语文教师在教育教学中开始了大胆的创新：在课文教学上，我让小品剧代替文字，以期让学生形象感知课文内容；每周在课堂上安排一次辩论会或演讲会，提高学生课外素质；在作文教学上，我打破陈规，实行“自改互评”作文教学模式，放手锻炼学生自我修改、自我评价的能力，并进而在学校率先成立了“追梦人”文学社，将学生在自改互评中涌现的佳作推广开来，增强了学生的成就感，提高了写作积极性……在放手让学生管理学生的新形势下，每个学生都充分发挥他们的闪光点，我们班捷报频传：军训第一名、三次统考第一名、越野赛第一名、运动会第一名……当其他老师大加赞赏时，我深深地感受到这并不是我个人创造的奇迹，我自己仅仅是坚守最初的承诺，履行一个普通教师应尽的职责。

桃李不言，下自成蹊。在付出的同时我也体验到了人生最大的幸福。每个教师节，一封封热情洋溢的信、一张张饱含深情的贺卡从四面八方纷至沓来，这时我的心里总是填满了骄傲和自豪。一位学生在信中说："敬爱的老师，您写一手方方正正的汉字，而您的人生也像您的字一样堂堂正正。"这些无声的话语时时激励着我，我也在心里默默发誓：为了这些淳朴的学生，我也要努力把教师工作干好，不求辉煌一生，但求踏实一世。

三、即兴演讲的特点

（一）即兴演讲主要具有以下三个特征

1. 临时性

事先无充分准备或毫无准备。

2. 短暂性

因为无所准备，而且面临的特定场景较为单一，所以教师必须言简意赅，而不宜过长，否则可能自乱阵脚。

3. 触发性

受特定场景、气氛的感染，触发教育者表达某种心情和感受的强烈欲望，进而期望学生进行交流、发生共鸣，并产生一定的教育作用和影响。这样的即兴演讲，唯其临时性，才更显现教育者的观察深度、反应速度和教育机智；唯其触发性，才更显现教育者的情感真诚、联想丰富、育人意识强烈。

对于上述即兴演讲的特征，这里分享一位老师的真切感受。

有一次，某校高三举办"校文化艺术节"歌手选拔赛，阶梯教室坐满了学生，几名歌手唱毕，主持人突然请这位老师做总结性讲话。老师毫无讲话准备，此时学生们欢迎的掌声响起，刻不容缓。老师在离座走向讲台的短短时间里稍作考虑，讲了三层意思：一是热情肯定歌手们为班争光积极参赛的态度和听众情感的高度投入；二是具体分析了歌手演唱的长处和不足；三是从声乐知识入手，讲了演唱的基本要求和常见技巧，并举各类唱法的实例边唱边讲，受到了同学们热烈的欢迎。这次即兴演讲使同学们增强了集体荣誉感，学到了音乐知识，也增进了师生间的感情和了解。

（二）即兴演讲的语言特点

即兴演讲独特的时境状态和交际氛围，决定了其语言特色必然有别于备稿演讲。

1. 情境特色

即兴演讲是演讲者在特定场合中兴之所至、有感而发的演讲。因此，激发兴致的情境，就成了产生即兴演讲的一个不可缺少的重要因素。这种客观情境，不仅能对演讲者的心理进行刺激，促使其演说欲的发生和思维的进展，而且会对演讲者的语言产生影响，致使其口头表达呈现出鲜明的情境特色。例如：“同学们，我们每天看到的都是白墙黑板灰泥地，我们应该去饱览一下那透着生命活力的绿色，去欣赏一下那蓝天下红花绿柳、青山白水，去领略一下大自然的风采！不然，高考的硝烟快要把我们烧焦了，单调的作息时间表快要把我们驯化成机器人了。明天，就是清明，山明水清，地清天明，让我们到天姥山去度过令人心醉的两天——出发！”

2. 口语特点

演讲是一种口语表达活动。在备稿演讲中，演讲者就不能不注重它的口语特色。同备稿演讲相比，即兴演讲更具有鲜明的口语特色。实践经验证明，演讲者只有运用通俗明快、朴实自然的口语表情达意，才能在即兴演讲中创造一种听众喜闻乐见的现场气氛。例如："对一个人，不同的人有不同的感觉。我的学校老师们看见我就觉得可怕。他们想到的就不是魅力，就可能是恐惧。有句话叫空谈误国，实干兴邦。我每天工作到午夜，不是我勤快，是事情遇到这份上了。老师们总是喊累，说我不把他们累死不甘心。不过这两年先别累死，还得让他们干活呢。"

3. 简洁特点

即兴演讲是在特定的场景中进行的。一个明智的演讲者，不会毫无顾忌地喋喋不休。因为这种饶舌，不仅会给人啰唆之感，令人厌烦，而且由于准备不充分，说多了也难免出现口误。倒不如讲得少而精，讲得简洁一些，表达效果反而更好。例如："你们好！此时面对大家，我真的有些紧张。我在想，你们能够接受我吗？我是一名博士研究生，传统观念里，人们常常把研究生和书呆子联系在一起。在这里，我要用自己的行动告诉大家，研究生同样有美的理想，美的追求。在此，我要用自己的行动来证明，我们女博士不是花瓶，更不是书呆子。"

4. 幽默特点

幽默感，作为一种特定的审美态度，是演讲者人格魅力的生动体现。演讲者应当根据现场实际需要，善于运用多种艺术手段，表现出语言的幽默特色，使即兴演讲充满情趣性和感染力。

【案例】

"唱爱情流行歌曲？这我倒没有精神准备。不过，假如我唱上一段'这就是爱，稀里糊涂'岂不是对我一辈子严肃认真执着专一爱情的亵渎吗？老伴听了，岂不要抗议吗？（掌声，笑声）假如我喊上一嗓子'你悄悄蒙上我的眼睛，让我猜猜你是谁？'

不得把在座的少男少女吓趴下吗？（掌声，笑声）假如我唱上一段‘让我一次爱个够，给你我所有’，诸位岂不是要把我送进疯人院吗？（掌声，笑声）对于这些爱情流行歌曲，我既无相适应的年轻与潇洒，也缺少那软绵绵的嗓音。是不能也，亦是不为也。为此，美好的爱情歌曲，还是留给风华正茂的年轻朋友们唱吧。”

四、即兴演讲的秘诀

如教师的即兴演讲主题是思政类题材，教师应克服老生常谈式的说教，力求新奇，从而吸引学生，以收取良好的教育效果。

（一）“新奇的思路——三碗水”案例分析

某校高一学生暑期军训，休息时大家蜂拥般抢水喝，于是年级主任在第二次休息前集合各班队伍，演讲如下：

同学们！我们的军训正在艰苦的条件下进行，烈日当头，暑气蒸腾，大家汗流浃背，口渴难耐。这使我想起当年守卫上甘岭的志愿军战士们。在敌人炮火的轰击下，他们一次又一次地打退敌人的进攻，几天几夜，滴水未进，干渴之状，谁能想象！这时候，正有一个苹果在这些战士包括伤员中传来传去，却始终没有人去咬一小口。这是我们大家十分熟悉的小学时就念过的课文。在最艰难的时候，这只苹果，检验了战士们顽强不屈的意志，这也是我军取得胜利的根本原因之一。我们军训，训什么？首先要学的就是人民军队的光荣传统。现在，天热口渴就是摆在我们每位年轻战士面前的考验之一。因此，我建议：再休息的时候，你从饮水桶里接到的第一碗水，送给你们的教官喝！第二碗水，送给你们的老师喝！第三碗水，送给你周围的同学喝。这是一支齐步向前无坚不摧的队伍。让这普通的三碗水在大家最干渴的时候，闪耀出思想的、精神的、意志的、品格的火花！大家听清了吗？（生齐答：“听清了！”）

“三碗水”，是后来学生们给这段讲演起的题目，“三碗水精神”甚至成了这个年级先人后己的同义词，可见这段演讲的影响之深。最引人注意之处在“第三碗水”。当年级主任伸出三个手指说“第三碗水”并故作停顿的时候，有些同学就正在想：“教官喝了，老师喝了，第三碗该我喝了吧！”谁知主任却提高声调，十分明确地提出“送给你周围的同学喝！”这是一种全新的思路，与“该我喝”形成强烈的对比，引人思索，催人猛醒。

（二）“新奇的联想”案例分析

某小学每学期都要分年级评出十几名模范少年，并在期末结业式上向他们颁发“光荣榜”。所谓光荣榜，就是一张印着年级模范少年名单的红纸，开头有“光荣榜”三个字，最后是校长签字。在一次结业式上，德育处主任正要颁发“光荣榜”，只听一名同学说：“不就是一片红纸吗？”声虽不大，但很多同学听到了，并有一些同学转头看他。主任也听到了，还知道该同学是建筑公司易经理的儿子。于是主任讲道：

“同学们，刚才有人说，这光荣榜不就是一片红纸吗？不错，这就是一片红纸。这片红纸（举起光荣榜）只有八开纸的三分之一大，一张红纸可以裁出这样的24小片。一张红纸六角钱，算来这一小片红纸连三分钱都不值！但是，这一小片红纸却又不是任何人都能获得，也不是用钱就能买得到的，因此也就格外珍贵。因为——它代表着崇高的人生目标，艰苦奋斗，不懈努力的结果。这光荣，是用多少钱也买不来的！当榜上有名的同学把光荣榜拿回家去，交给家长，贴在屋里墙上，街坊串门亲友来访，见了都会说，谁谁真是好学生啊！这张光荣榜，就像解放军战士的立功喜报，给全家带来了光荣！有人很有钱，他可以买很多张大红纸，却买不到这样一小片；他可以把他家屋里屋外的墙壁都糊成红光耀眼的一片（学生笑），这也只能让人觉得新鲜，却不会给他带来丝毫的光荣！同学们，大家和模范少年展开竞赛吧！为了我们每个人都创造一个光荣的人生，为了实现祖国的光荣的未来！”

全篇围绕“光荣”展开，由“一小片红纸”联想到“很多张大红纸”，联想到屋里屋外“糊成红光耀眼的一片”。联想奇特，难怪学生笑了起来。在强烈的对比中，突出了光荣榜的“光荣”本质。

（三）“新奇的比喻”案例分析

某初中生有偷摸恶习，一次被抓，送到学校。班主任从校长室把他领出，带回教室的时候，随手在教室前边的大杨树下捡起一片鲜嫩的落叶（时值春天）。走进教室，老师说：

“同学们！（举起落叶）这是什么？对，落叶，一片春天的落叶（板书：春天的落叶）。它是这么嫩，这么小，颜色还是黄的。本来，它是完全可以长成油光碧绿的宽阔的大叶子的。但是，在这春光明媚的早晨，它落下来了——它没能抗拒毛毛虫的噬咬。但是，某同学不是树叶，而是有防卫能力的少年学生，是能消灭毛毛虫的！我们希望他在这人生的春天里，痛改前非，和我们大家一起成长。”

“春天的落叶”，这新奇而贴切的比喻，充分表达了老师期望犯有错误的同学痛改前非的满腔热忱。

第七节 教师语言运用不当的情况列举

在组织教学活动的过程中，不少教师的语言虽然没有科学性、逻辑性的错误，但对学习活动的指导针对性不强，甚至会产生一些负面的影响，起不到应有的教育效果。下面从幼儿教育方面举出以下几种情形：

一、“拖泥带水”的导入语

【案例】

在幼儿园中班数学活动“比比谁最多”中。王老师借助“郊游”这个话题导入：“小朋友，春天到了，你们瞧，小树发芽了，小草变绿了，美丽的迎春花儿开放了，春天多美呀！春天到了，天气变暖和了，燕子也从南方飞回来了，农民伯伯可忙了，他们都在忙着播种呢……春天到了，你们最喜欢干什么呢？”幼儿说：“我喜欢到外面去玩。”“我喜欢去放风筝。”……（幼儿七嘴八舌，教室里像炸开了锅似的。）王老师使劲敲铃鼓，待幼儿安静后说：“春天到了，你们喜欢郊游吗？喜欢到哪里郊游？”（教室里又一次沸腾起来！）王老师又一次使劲敲铃鼓，示意幼儿安静，同时出示一幅图说:“今天老师要带你们到一个美丽的地方去郊游，你们看，这儿多漂亮呀！这儿有树、有花……请你数一数，它们都有多少呢？可以用数字几来表示呢？……”

分析：教师导入语就像是一个引子，它能巧妙地把幼儿引入话题或情境中，从而实施有效的教学活动。教师必须清楚活动目的，在组织语言时既要兼顾幼儿认知特点和语言发展水平，做到生动、形象、充满情趣，又要避繁就简，力求开门见山，直接而自然地导入。案例中，王老师过多地描述春天，无形中冲淡了数学活动“比比谁最多”的学习要求，易分散幼儿的注意力。

建议王老师不妨这样导入：“小朋友，春天是个美丽的季节，出去郊游可是件十分开心的事情。森林里的小动物们今天也结伴去郊游了，你们瞧，它们手拉手走来了。让我们看看都有哪些小动物去郊游了？它们各有多少？可以用数字几来表示呢？”

二、“颠来倒去”的归纳语

【案例】

在大班数学活动“认识单双数”中，张老师让幼儿用两两结对的方法为小圆片找朋友区分单双数，并在幼儿自主操作后进行了阶段性总结：“小朋友真能干，用4个、5个小圆片做找朋友的游戏，你们看，像这样上一个下一个，上一个下一个，让小圆片一个挨着一个，手拉着手，就像我们小朋友出去做早操时一样，整整齐齐地排好队，都排好了以后再看看是不是都找到朋友了，谁没有找到朋友？谁找到朋友了？……像4这样都找到朋友的是双数，像5这样有一个没有找到朋友的是单数，请你们再为6个小圆片、7个小圆片找朋友，看一看是不是都找到朋友了？谁没有找到朋友？谁找到朋友了？它们是单数还是双数？为什么？……”

分析：教学中教师为引导幼儿的思考和行为，经常会提出一些带有指向性和规定性的语言，并进行一些规律性和结论性的总结和归纳，这是教学活动中的关键环节。一般而言，教师的语言指向与要求越明确，效果就越好，这就需要教师在归纳和总结时语言力求言简意赅，突出重点，表意要恰到好处，简单易懂。案例中张老师的语言因为“颠来倒去”而显得没有头绪，好像绕口令似的，最终把孩子领进了语言“迷宫”。

建议张老师可以这样归纳：“小朋友们真能干，通过让小圆片两两结队，知道了4个小圆片都找到了朋友、没有落单的就是双数；5个小圆片还剩下一个没有找到朋友，有落单的就是单数。在1~10的数字中，我们知道了4是双数，5是单数，那么其他几个数是单数还是双数呢？大家用刚才的方法试一试好吗？”

三、“明知故问”的询问语

【案例】

在大班社会活动“我长大了”中，李老师在活动中问：“小朋友，你们喜欢听故事吗？”幼儿：“喜欢。”李老师又问：“你们觉得老师讲的故事好听吗？”幼儿：“好听。”李老师接着说：“好吧，你们准备好了吗？我可要讲故事了。”幼儿：“准备好了。”……

分析：“师问幼答”是课堂教学少不了的对话形式，这种对话不能无疑而问，更不可明知故问。对于幼儿而言，教师的设问语言应对他们理解活动要求和内容、有效参与活动有重要的引导作用。所以教师应充分考虑活动的内容和幼儿的实际来设计问题，以促使幼儿想象和思考，并激发幼儿的兴趣，带动活动深入发展。案例中的“是否喜欢”“是否好听”“是否准备好了”等问题对教学没有实质性意义，让幼儿回答这样的问题易造成幼儿思维的简单化，不能养成幼儿深入思考问题的好习惯。

建议李老师可在活动中这样询问：“小朋友，你怎么知道你长大了呢？长大了，你会做些什么事呢？……”

四、“不胜其烦”的点拨语

【案例】

在大班美术活动“滑稽小人”中，幼儿按照要求摆弄操作材料。钱老师不停地来回走动并反复提示：“你先想一想，再拼一拼，最后画一画。”“你可以尝试把小人的头换成其他的形状，比如三角形、正方形等等。”“什么样的小人看上去就很滑稽了呢？只有跟我们平常的人不一样的，你也可以试着把小人的身体变一变。”“把小人衣服换一换是不是看上去很滑稽了呢？”……

分析：点拨体现教师的教学艺术和机智，教师在关键之处的点拨能让幼儿有柳暗花明的顿悟，走出思维的盲区，获得知识和情感的高峰体验。但点拨要适时、适度，无论是直接点拨还是间接点拨，教师都应以协商、激励等口吻给幼儿以适当的提示，而不能喋喋不休。尤其是针对只有个别幼儿出现的情况，不能面向集体而应单独点拨。案例中钱老师的点拨就显得有点“婆婆妈妈”，这样可能会干扰幼儿，甚至会误导幼儿按照其某些多余的提示语去行为。

建议钱老师应尽量避免来回不停地走动，如巡视中发现幼儿有创作困难，不知道如何把小人变成滑稽模样，钱老师可适当点拨：“样子古怪的才会让人感到滑稽，你先想一想，再试着变一变，变变小人的头、身体、衣服或者动作等，最后再画一画……”

五、“面面俱到”的评价语

【案例】

在大班社会活动“我爱家乡”中，田老师在活动结束时为了进一步激发起幼儿爱家乡的情感，做了如下评价：“通过今天这个活动，我们知道了自己的家乡在哪里，还知道了在我们的家乡有美丽的名胜古迹。（列举了家乡几乎所有的名胜古迹）……我们的家乡真美呀！我们每个人都要热爱自己的家乡，长大后更要建设家乡，要让家乡更美好。（田老师憧憬了家乡可能的变化和发展）……今天小朋友的表现都很棒。（田老师表扬了一大串名单）……”

分析：教师的评价常常出现于活动进行中或活动结束时，可以是肯定的、赞赏的、鼓励的，也可以是批评的、否定的，用得好能起到画龙点睛的作用。活动进行中的点评一般比较简短，但必须有个性和针对性。活动结束时的点评，往往是针对活动比较全面的总结性评价，教师要抓住核心，突出“亮点”，不必面面俱到，否则达不到评价活动的目的和效果。案例中田老师的评价涉及了社会认知、社会情感、社会行为等方方面面，却削弱了社会活动特有的教育价值，对于“我爱家乡”“怎么爱家乡”这一核心目标没有进行突出体现。

建议田老师的评价应突出“爱家乡”这一核心目标：“通过今天的活动，我们知道了我们的家乡是个了不起的城市。我们小朋友不光要从心里喜欢它、爱护它，长大以后更要把它建设好，让它变得更漂亮，让更多的人都喜欢它。”

第三章

教师交往中的语言艺术

第一节 教师间交流协作的现状与意义

新一轮课程改革已经步入了成熟发展阶段，人们越来越认识到课程改革固然重要，但仅有课程改革尚不能解决目前教育发展的所有问题。课程的贯彻施行者是教师，没有教师观念的更新，没有教师素养的完善，没有教师能量的发挥，课程改革就会停滞不前。因此，必须在课程改革实践中把教师的发展提到学校发展的议事日程上来。

我国教育主管部门将教师的团结协作纳入到教师的职业道德范畴中，并提出具体要求。2005 年 1 月 13 日，教育部颁发了《教育部关于进一步加强和改进师德建设的意见》。其中提到了加强和改进师德建设的总体要求和主要任务，明确地写道："提高教师的职业道德水平，大力提倡……团结合作、协力攻关、共同进步的团队精神，努力发扬优良的学术风气；着力解决师德建设中的突出问题；积极推进师德建设工作改进创新。"时隔 9 年，教育部又于 2014 年颁发了《关于全面深化课程改革落实立德树人根本任务的意见》，进一步强化教师育人能力培养，把社会主义核心价值观纳入教师教育课程体系，融入教师职前培养和准入、职后培训和管理的全过程。教师教育院校要创新教师培养模式，着力提升教师综合素质，增强育人能力。地方各级教育行政部门要根据新修订的课程标准，以提升师德修养、育人意识和能力为目的，组织开展教师培训与研修。这无疑对教师提出了更高的要求。

教师职业是一种专业性较强的职业，教师队伍又是自我意识较强的社会群体。作为教师的这一社会群体同其他社会群体一样，都在谋求自己的生存发展。世界在发展，社会在进步，终身学习理念，学会合作理念，关爱他人理念等正逐步深入人心，这对教师群体的发展产生了深刻影响。学校是教师的安身立命之地，是教师实现自我人生价值的幸福乐园，教师只有认识到这一点，才能认识到工作的意义所在，才能形成一个利益共同体和命运共同体，才能感到自己的事业是最有价值的，才能自觉主动地发展自己。教师发展是学校发展的根本，只有发展教师，才能发展学校。

教师与同事之间的合作就是一种教师之间的良性互动的工作方式，它以优化现有教育人际关系、促进发展为目标和出发点。在此过程中，教师以平等、自愿、共同决策、分享资源为基础参与其中。可以说这种新的合作精神所倡导的不是传统意义上的“集体主义”，而是一种动态的、批判性的人际交流方式。这种团结协作的氛围一旦形成，会使教师逐渐养成健康的、真诚的、互相促进的教育人际关系。这种团结合作的精神，既是对传统职业道德精神的继承和发展，又具有鲜明的时代性、现代性，融合于整个教师职业道德体系之中，从而有助于促进我国教育教学的改革和发展。因此，我们说教师合作实际上就是一种精神、一种意识、一种习惯，它是教师职业道德的重要组成部分。

一、我国教师间交流的现状分析

人类跨入21世纪以来，随着现代社会经济的飞速发展，世界各国正在从对手间竞争的你死我活到学会妥协走向合作，实现双赢、多赢转变，全球一体化进一步明朗。而全球一体化的一个重要标准，正是加强合作与交流。改革开放的中国，政治经济、军事科研、文化卫生等领域也不断与国际接轨。在这一形势的影响下，文化教育界的有识之士纷纷提出对我国的教育体系做出重大改革。在我国，据相关调查，倡导学生进行研究性学习的教师群体，在强调学生主动探究学习的同时，自己单挑独干得多，交流协作相对较少。不注重交流合作的现象已经严重影响了学校教育教学质量的提高。

究其原因，主要在以下几方面：

第一，在我国传统教育中，由于教育理论对人的发展认识的偏差，教师只被视为传授知识和技能的工具，其行为目的是“传道、授业、解惑”，交往只是达到目的的一种手段而已；而且由于一味地强调学生的发展，忽视了教师的发展，致使教师的视野和教师的活动领域很窄，教育与教学被割裂；教师只是一个被动的任务执行者，教师的教育教学只能按照专家和教育部门预先拟定的方案进行；教师与教师之间彼此孤立，很少合作，无法从他人身上汲取有用的东西。

第二，由于自古以来形成的“文人相轻”的职业文化，使教师职业本身带有明显的专业“个人主义”特点。一方面，教师在多数情况下独自面对教育情境中的问题，独立自主地处理教学事务，他们的课堂生活往往是“自给自足”的，与其他教师的课堂是相互隔离的；另一方面，大多数教师也只是在自己任课的学科领域通过自身苦读、钻研来深化自己的专业知识，很少涉足自己专业以外的知识。

第三，落后的教育理念作怪。认为教育教学研究是教研部门的事，一线教师只管教学就行；另外，教育理论研究与教学实践严重脱节；还有，由于教育行政主管部门和学校领导的“因材施教，分层推进”的理念指导，学生被分成三六九等组班，教师也被有意识或无意识地分成“优秀”教师和“普通”教师、骨干教师与一般教师。这些做法，挫伤了教师交流合作的积极性。于是，就出现了教研活动名存实亡的怪现象：有效的教研没有领头人，无效的教研不断走过场、走形式；以教师个体为本，却不以学生为本、交流合作为本的落后教研意识普遍存在；教务处科研处与教研组长备课组长之间的联系松散，组织涣散，指导不到位；教师教研“等、靠、要”的依赖心理十分突出。

二、教师交流协作的意义

“协作”是指教师作为职业人在职业活动中相互合作，相互欣赏，共同切磋，共同生存发展。协作是共生的前提，共生是协作的目的。学校是教师建功立业的平台和基地，只有协作劳动，相互促进，共同提高，才能带动学校的更大发展，进而保障教师本体享有广阔的生存发展空间，实现教师的人生理想和价值。

（一）交流对教育发展的支持作用

实践证明，新一轮基础教育课程改革，在改革原有课程的基础上设置了以学科为主，包含综合课程和综合实践活动的课程，其研究内容和研究方法都涉及多门学科知识和领域，这样的课程单纯依靠教师个人的力量是无法驾驭的。为此，教师之间紧密、有效地合作，形成一个以平等为基础、以互动为主要特征的教师群体就显得非常重要。只有不同学科教师之间的相互交流、合作，才有可能完成课程的综合和学习方式的综合。

（二）交流对教师成长的支持作用

大多数情况下，同事与所在集体的认同和支持是教师成就感的主要来源之一，而过去很少有人注意到群体能够支持和帮助教师成长这一事实。通过交往、群体互动来获得支持和挑战，有助于教师确立自己的奋斗目标并在追求目标的过程中获得勇气。如果一个教师缺乏群体的支持，必然导致这样一种严重后果：教师会把教学中的问题看作自己的问题，与其他教师无关，与学校结构和学校系统无关。因此，如果我们想使教师得到真正的发展，就必须从个体主义的研究方法转到系统研究的方法上来。教师必须承认学校的结构是怎样控制了自己的工作，怎样深刻影响了自己和同事、学生、学生家长的关系。教师必须能自由地表达观点，公开发表自己所关心的事并听取他人的意见。只有拥有了这些知识，才能转变成教育智慧并帮助他人成长。

教师间的相互交流与协作，可以学习他人的成功做法和教育技艺，取长补短，吸取他人的经验教训，避免和减少教育教学中的失误与低效。一位善于与同行交流学习的老师，会是一位成长发展迅速的教师。

（三）交流对校本课程的支持作用

校本课程开发的一个重要的特征便是合作。不管是对国家课程的再开发，还是对跨学科的单元主题教学开发，都是一个全方位的合作事项。因为单个教师的经验相对狭隘，只有与其他教师真诚合作、互相支持，才会打开思路，并使教学资源更加丰富多彩。因此，必须要求教师形成合作的意愿与习惯，合力开发校内外教学资源，保证探究型课程的有效实施。

第二节　教师与家长沟通中的语言艺术

孩子的健康、健全成长，仅靠学校或仅靠家庭都是不够的。教师观察不到孩子在家的情况，家长也很难看到孩子在校的表现，它需要两者之间的合力，教育才会有针对性和连贯性。与家长的沟通交流，是校园人际关系中难度较大的一个环节。因为家长的职业不同、层次不同、修养不同，教育孩子的观念也不尽相同，要让他们都能与学校、与老师“步调一致”，真的很不容易。为了学生更好地成长，为培养创造性人才提供良好的大教育环境，教师与家长必须做到沟通交流，互相配合，和谐施教，共育新人。

一、阻碍沟通的因素

（一）社会、文化、心理等因素。教师和家长双方对通过有效沟通以加强教育合作的意识比较淡薄。一方面，一些教师往往过于强调教师的权威，这就很难与家长进行平等沟通，极易产生沟通障碍。另一方面，一些家长也还不习惯、不愿与教师进行主动、积极的交流。

（二）与学生家长职业、社会身份、社会地位差异相关的因素。教师与学生家长之间存在的职业与社会地位差异、年龄差异，会在二者之间形成客观上的沟通障碍。

（三）由于沟通渠道的闭塞导致教师和家长对学生信息的掌握不对等，从而造成了沟通的困难。

二、与家长沟通的艺术

（一）从克服主观因素入手，使班主任和学生家长建立起沟通的意愿

培育正确的沟通理念是从“意识形态”领域解决沟通障碍的关键，总原则是双方应充分认识沟通的必要性，真正重视沟通。班主任应当通过多种方式与家长保持联系与沟通，发挥更多的主动性。

首先，班主任教师要树立正确的沟通观。应当从思想上重视这种交往，把家长视为自己教育活动的合作者，积极主动地建立与家长的联系，以利更多地了解自己的教育对象，并与家长商讨促使孩子健康成长的恰当方法。教师应该明确，差异是沟通的基础，沟通不是为了排斥差异、消除差异，而是为了更好地理解差异，求同存异。教师应当了解，要实现有效的沟通，沟通的参与者必须具有平等的人格和平等的沟通机会，并且都愿意倾吐自我，尊重彼此的观点，乐于积极地接纳对方；同时，沟通的参与者都

被沟通活动所吸引，共同决定对话的形式和内容，共同创设交往的情境。

教师要树立正确的沟通观，就应该遵循上述要求，做出良好的示范，创造有利于沟通的氛围；并以取得良好的沟通效果作为目标，灵活选择沟通方式和沟通技巧，引导沟通活动的顺利进行，提高沟通的效能；而不能只是一味强调自己良好的动机和教育内容的正确。没有效果的沟通，即使动机良好、内容正确，也毫无意义。

其次，沟通的技巧和方法固然重要，但沟通不仅仅是一种临时性的技巧和方法，应该是一种重要的制度化形式。班主任应当在培育家长的沟通意识、消除沟通心理障碍方面发挥更多的主动性、主导性，创造沟通机会，开拓沟通渠道，才能有助于建立密切稳定的师生关系。例如，班主任可以在开学之初即着力于强化制度化沟通的理念。明确沟通是正常、必要的环节，不沟通是不正常的，家访不等于上门告状，找家长了解情况也不等于“请家长”。越是现代的教育，就越要强化家长与教师之间的沟通。铺垫在先，说明在前，有利于消除顾虑，表明姿态，培育经常性沟通的观念或意识，也能为今后的实际沟通、合作创造条件。

（二）构筑信任平台

沟通是一种复杂的社会与心理现象，信任是合作的台阶，没有信任就不可能有成功的沟通。

信任是班主任与学生家长实现良好沟通、开展合作的心理基础，能使交谈的气氛和谐，提高双方的心理相容度。与家长谈话，是教师和家长的双边活动，是语言、情感的双向交流。家长的为人、阅历、性格特征、心理因素等直接影响到谈话效果，教师要以诚相待，取得家长对班主任的信任，才更有利于班级工作的开展，更有利于对学生的教育。

构筑信任，要求教师导入诚恳的、负责任的态度。首先，要让家长知道你对他的孩子特别重视，沟通是认真的、诚恳的，而不是虚伪应付。事前要对该学生的方方面面做充分的了解，包括学习成绩、性格特点、优点和缺点、家庭基本情况以及你为这个学生做了哪些工作等。最好拟一个简单的提纲，真正沟通时，应做好笔记。这样做的好处是：教师在与家长交流时，能让他感觉到老师对他的孩子特别关心、重视，以及对教师留下工作细致、认真负责的好印象，有助于家长提升其责任心。

构筑信任，就要充分发挥“爱”在教育中的特殊而奇妙的功能。“教育植根于爱”，爱是班主任工作的根本，苏霍姆林斯基说：“教育技巧的全部奥妙也就在于如何爱护儿童。”只有爱学生的教师，才有可能教育好学生。“爱”主要体现在关心学生、爱护学生、帮助学生解决学习和生活中的困难、为学生创造舒适的学习环境等行为上。班主任在与学生家长的沟通中，若能流露出对学生的爱，往往会迅速、有效地缩短家长与班主任的心理距离，使其“亲其师而信其道”，从而大大增强家长的信任感和责任感。

构筑信任，归根结底是建立起知识经验、专业指导基础上的信任与权威。信任的建立还需要教师提出务实的建设性意见，在解答家长的疑惑，给家长建议时，一定要有针对性，要显示出对学生个人情况了如指掌，不能在表述上模糊不清；也不能泛泛而谈，让家长不着边际，听似有理却不能解决实际问题，进而对班主任的工作能力产生怀疑。教师给家长的建议还要做到条理清晰，言简意赅，最重要的是科学实用。没有把握的不说，记不准确的不说。要实事求是，不能故作高深。如果班主任的建议不科学、不合理，在家长心中的威信就会大打折扣。

（三）把握心理做好沟通

1. 沟通者的态度

教师作为师生沟通的主导方面，应该表现出良好的态度使学生家长愿意接受且乐意与教师进行沟通。

2. 营造平等感

班主任与学生家长之间的平等，是不折不扣的合作者之间的平等。教师需要通过消除各种诱发心理障碍的因素，营造一种平等的氛围，使双方在心理、感情上接近，这是合作的基本前提。所谓平等，实质上是一种对合作伙伴的尊重。

3. 导入尊重感

在与家长交往的过程中，班主任应做到文明礼貌，尊重对方。班主任通常比家长更熟悉教育知识和教育手段，懂得教育规律。教师绝不能以教训式口吻与家长谈话，特别是当其子女在学校闯了祸的时候，班主任仍要在谈话时给对方以尊重。也不能当着学生的面训斥家长，这不仅使家长难堪，有损家长在孩子心目中的威信；而且家长一旦将这种羞愤之情转嫁于孩子，极易使孩子与班主任对立。当教师与家长的看法有分歧时，也应平心静气地讲清道理，说明利害关系，既要以礼待人，更要以理服人。

4. 流露真诚

教师用真诚的语言或行动去与对方沟通，使其感动。以诚感人要求诚与情密切配合，要使人动情，唤起人的真情，还必须伴之以虚心，否则难以取得对方的信任。

5. 注意谈话的语言、形式与方式

班主任与家长的谈话切忌用教训式语气，而应像对待同志或客人那样用商量或交流的口气。态度要随和，语气要婉转，语态要真诚，语调要亲切，语势要平稳，语境要清楚，语感要分明；

使家长一听就明白，能准确把握要旨，领悟当家长的应做些什么，从你的谈话中受到启发。

语言务求得体和有分寸。得体的称呼，使对方一听称呼就有一种相知感，从而产生亲切感，缩短双方间的心理距离，甚至建立起感情基础。教师得体的语言可以赢得家长的尊敬，增加自己的可信度，形成和谐的沟通氛围。所谓语言得体，最主要的是说的话要与职业身份、与场合、与交流的对象、与解决的问题相符，谦虚、中肯、客观，掌握好分寸、语气，不夸大，不缩小，不说过火的话，不说力所不能及的话，不用过激词语，不摆逼人气势。

谈话要委婉，注重可接受性。班主任和家长谈话时，一般应先讲学生的优点，后讲缺点，对孩子的缺点也不要一下讲得过多。应该给家长一种感觉：孩子每天都在进步。唯其如此家长才会欢迎班主任，愿意接受班主任的建议，愉快地与班主任合作，对孩子的优缺点也能正确认识和正确对待。

6. 要把握好沟通步骤的时序

“哪壶先开提哪壶”，先说说孩子的优点和进步，等家长有了愉快的情绪，再逐渐提一些建议，家长会更乐于接受。教师可以采取“避逆取顺”的策略，避免触动对方的逆反心理而迎合其顺情心理的策略，也可以采用变换语言或变换角度的手法来叙述。因为同一件事往往可以从多个角度来描述它，为了使人们乐意接受，我们就可尽量从人们的心理易于接受的那个角度去叙述，尽量避免那些容易引起人们反感的角度，尽量不说别人忌讳的话语。掌握上述心理策略，在沟通中可减少一些产生逆反心理的可能。

7. 要注意运用信心激励

赞扬孩子、赞扬家长是与家长交流的法宝。教育学中著名的“罗森塔尔效应”指出，学生的学习成绩不仅取决于他本身的能力，也与教师及同伴对他的期望有密切的关系。在角色互换教学的实施过程中，学生能真切地感受到教师的期望，这是比期望本身更强大的持久推动力。

（四）分类对待不同家长

学生来自不同的家庭，每个家长的文化水平、素质、修养各不相同，因此不同家长对学校教育的配合程度自然存在很大的差异性，那就要求我们在接待不同类型的家长时必须讲究语言的艺术。

1. 知识型家长

每个班级都会有这样的一批家长，他们有一定的知识、修养，在教育孩子这方面有独到的见解。教师可如实向这类家长反映孩子的情况，主动请他们先提出教育的措施和处理的意见，并认真倾听反馈。一般来讲，这类家长比较注重对孩子的教育，他们观察自己孩子的表现经常比老师还要深入、细致、具体，作为班主任应虚心听取他们的建议。

2. 溺爱型家长

教师先肯定学生的长处，对学生好的一面给予肯定，抓住他们身上的积极品质，那些溺爱型的家长更是希望听到班主任对自己孩子的肯定。教师要充分尊重学生家长的感情，肯定家长热爱子女的正确性，这样家长才会从心理上接受班主任。同时，教师也要用恳切的语言向家长反映情况，指出学生存在的问题。对于这样的家长，班主任要在肯定中提出要求，在要求中透露婉转批评和期望。班主任的主要目的是要家长全面了解孩子，从而主动地与班主任共同商讨教育孩子的方法，主动配合学校的教育工作。

3. 脾气暴躁型家长

这类家长往往文化程度不太高，容易产生“恨铁不成钢”的心态，学生一出现问题，他们不加分析就拳脚相向。教师与这样的家长沟通要特别讲究方式方法，谨慎行事。要采用和风细雨式的交谈方式，要让家长知道老师请家长到学校来并不是希望给自己的学生招来一顿皮肉之苦，而是为了帮助学生尽快认识和改正自己的缺点错误，希望得到家长的配合，齐抓共管，共同教育学生。如果家长不分青红皂白，把孩子打一顿，既没使孩子认识到错在哪里、怎样改正，也可能加深师生间的隔阂，使孩子对班主任极为反感。

4. 放任不管型家长

面对这类家长，教师可多报一点喜，少报一点忧，决不夸大问题，也不回避孩子的问题；使家长认识到孩子有发展前途，又在成长中存在问题，以激发家长对孩子的爱心和期望心理，主动参与到孩子的教育活动中来。通过谈话使家长明白，没有父母的爱培养出来的人，往往是有缺陷的人。家长与子女间的感情要加强、融洽，以便为学生的发展创造良好的家庭教育环境。

5. “后进生”的家长

我们要让这类家长对自己的孩子充满信心。班主任最感头痛的是面对“后进生”的家长。家长面对孩子可怜的分数，无话可说；孩子面对家长失望的叹息，无言以对。对于“后进生”，我们不能仅用成绩这一个标准来否定学生，要尽量发掘其闪光点，要让家长看到孩子的长处，看到孩子的进步，看到希望。对孩子的缺点，不能不说，但不要一次说得太多，不能言过其实，更不能用“这孩子很笨”这样的话语。在说到学生的优点时要热情、有力度，而在说学生缺点时语气要舒缓婉转，这样就会让家长对自己的孩子充满信心。只有家长对自己的孩子有了信心，他才会更主动地与老师交流，配合老师的工作。有些学生的父母开学好几个月后被老师请到学校来交流，碰到老师的第一句话就是：“× 老师啊，我们不是不想和你交换意见，孩子成绩太差，我们做父母的实在不好意思来找你啊。”老师应该恰当地表明不赞同父母的这一观点，并表示导致孩子学习成绩不理想的原因很多，在老师眼里所有学生都是可爱的，您家孩子的身上也同样有很多可爱之处。

家庭教育是学校教育重要的互补因素，两者配合得越默契，产生的教育合力就越大，效果就越显著。要使家长的教育配合学校教育，关键在于班主任与家长的沟通，形成学校与家庭的德育工作统一战线。教师无论运用何种方式、何种技巧与家长沟通，最为关键的是要以诚待人，以心换心，同时努力提高自己的道德修养和理论水平，这样才可以架起心与心之间沟通的桥梁。

第三节　日常对话中的语言艺术

“对话”，日常生活中极为平凡的字眼，意思是指人与人之间的谈话，其结果不管是交谈双方“对路”形成共识，还是“对立”产生分歧，往往都给人以“对照”的效果。对话，是一种交流，也是一种意识，更是一种境界。

一、对话的含义

有效的对话仿佛是一种流淌于人们之间的溪流，它使所有的对话者都能够参与和分享，达成相互的理解和共识。对话与交流是个体与其他个体进行思想互动的有效方式，是个体建构知识的必需手段。虽然我们可以通过模仿与刺激—反应等方式进行学习，但对话的方式在学习大多数知识的时候是最为有效的。对话的本质就是意义的交流和共享。

二、对话的作用

（一）对话是教师成长的需要

教师之间的对话交流（或者说同伴间的对话交流），不仅是人际交往与沟通的需要，也是人们知识构建、智慧发展、观念更新的重要途径。注重与同伴对话，充分挖掘与同伴对话的价值，对教师的成长具有重要的意义。

教育活动中的对话，也应该是对话双方在平等关系基础上的自由交流，是对话双方从各自的角度出发所达成的一种视界交融。在实施新课程改革的今天，教师应该成为教育意义上的对话者，通过对话，可以让存在于教师之间的不同理念对接起来，把融合在教师心头的经验连接起来，真正让教师成为新课程改革的实践者和塑造者。

对话对教师的成长作用，具体地说有三个方面：

1. 对话，是交流沟通分享的重要途径

个人发展的基点在于持续不断地学习，从而实现自我创新。教师应善于交流，听取意见，捕捉问题，发现同伴共同教育实践过程中反映出的相同和不同特征，探寻规律所在，以同行的经验、教训为基础进行对话。成功的教育经验可以帮助教师尽快成长；教育的失误也是一种有效资源，可以帮助大家绕过弯路。对话让教师的沟通更为直接和深入，经验的分享可以让教育理论与教育智慧得到进一步的激活与扩充，促成双方和多方思维的互动，以便生成宝贵的知识、能力与情感财富。

2. 对话，是合作学习的主要形式

传统教育的弊端使得教师自认为是知识权威，教师之间似乎不是独自奋斗就是相互竞争。其实，教育活动并非孤独的行程，应该成为教师与学生、教师与教师的共同发展之旅。大家在专业对话过程中彼此合作与协商，形成多元的学习、研究共同体。在合作学习与研究中，应鼓励和培养开放的视野与胸怀。大家互相倾听，善于接纳批判的声音，互相激励，共同超越。

3. 对话，是结伴同行的必由路径

如果说每一位教师都是在教育的途中进行一段长途跋涉的旅程，对话则能使前进中的大家越走越近，相互结成伙伴。而同行者与伙伴越多，越能够产生巨大的团队凝聚力和影响力，推进每个人产生持续的内趋力，不断向前，彼此超越。反之，没有伙伴的独行者孤立无助，容易产生疲倦、恐惧、沮丧、止步不前等消极的情绪与行为。古人云：三人行，必有我师焉。对话可以帮助教师寻找团队中的学习榜样与楷模，发现丰富的、适宜于自我发展所需的学习和教育资源。

（二）对话是学校建设与发展的需要

明基电通集团是世界一流的数码生产商，该公司在位于苏州的中国营业商总部的办公区专门开辟了一个500平方米的“星巴克区”。

该公司的做法对学校管理有几点启示：

管理问题在很大程度上就是沟通问题，管理必须通过沟通才能实现。80%的管理问题实际上是沟通不畅所致。合理有效的沟通使教师与教师之间的感情更加深厚，关系更加和谐，学校更加文明进步。沟通是一座桥梁，没有这座桥梁，我们或许也能达到成功的彼岸，但不知道要付出多大的代价。

有人说，现代领导应该把80%的时间花在和下属的沟通和交流上。此言精辟。沟通不单是一个量的概念，不单是开了多少次会，谈了多长时间的话；沟通更重要的是一个质的概念，要看教师之间、师生之间交流的深度、广度和效度。这种沟通的前提是尊重、信任和理解，这种沟通的根基是平等，这种沟通的信息要快捷，这种沟通的途径要宽广。

美国著名未来学家约翰·奈斯比特曾说过：“未来的竞争将是管理的竞争，竞争的焦点在于每个社会组织内部成员之间的有效沟通上。”沟通是一个学校文化建设的标志，没有沟通的学校和沟通不畅的学校是一个病态的“沙漠化”的学校。

三、日常对话的常见方式

在一个教师群体当中，需要有不同的声音，不同的思想、观念、教学模式和教学方法的交流与碰撞，这种教师内部的专业争论，可以让学校形成一个民主、开放的讨论氛围。

（一）校内热点讨论

学校可利用教研组这一阵地，开展每周一次的案例分析、热点讨论活动。每次活动前，由教研组长或分管领导提出一个话题，以问题的形式向各位教师发布。全组教师围绕主题搜集资料，寻找支撑，提炼观点。活动时坦诚交谈，发表自己的见解。大家聚焦有争论的话题，形成研究交流的后续主题。通过问题探讨、经验分享、活动商议、困惑辩论，大家在与同伴的相互切磋、交流、学习中形成共识，得到共进。

（二）学校教师例会

学校可利用每周、月教师例会时间，安排教师进行“师说心语”演讲活动。由科教处提供一些课改中大家共同关注的热点问题、实践中亟待解决的疑难问题，当堂抽签，随后进行 3~5 分钟的即兴演讲：或教育心得，或观点阐述，或成功案例，或迷惘困惑。这种即兴的、即时的、漫谈式的专业切磋，可促进教师对问题的关注、提炼和思考。以小见大，便于教师从中领略课改的真谛。

（三）教师集体备课

集体备课有四部曲：预案设计、审读修改、教后反思、整理完善。在每周“集体备课”时间里，主备老师可根据自己的思路写出本课的教学设计，通过电脑上传或复印给其他任课老师。课前，教师须认真审读预案设计的流程、变化，发现设计的不足和漏洞，随后和主备老师探讨切磋，在此基础上修改确立适合自己的施教方案。课后做出反思，再次交流各自实施后的优劣之处，进一步整理和完善。集体备课能改变以往教师机械重复、孤军作战的备课状况，给教师置换出了更多的时间进行更高层面上的经验交流和教育反思。

四、日常对话技巧

在人际交往过程中，当你与别人谈话时，必须始终能意识到双方同时兼有说话者和听话者的双重角色，意识到言语交往的双向性。换言之，要意识到自己的责任不仅是把自己的思想表达清楚，还应考虑怎样谈才能使对方产生兴趣，易于理解自己的观点，并根据对方的反馈信息来及时调整自己的讲话内容和方式。为此，要注意以下四个方面的问题：

（一）引出话题

为了能使话题成为初步交谈的媒介、深入细谈的基础和纵情畅谈的开端，话题应达到如下标准：至少有一方熟悉，能谈；大家感兴趣，爱谈；有展开讨论的余地，好谈。找话题的方法主要有：

1. 中心开花

选择众人关心的事件为题。围绕人们的注意中心，引出大家的议论，导致“语花”四溅，形成“中心开花”。如可讨论学生的习惯与养成教育。教师在和大家交谈时适时提出这一话题，让大家诉说自己在教育过程中的苦恼，或是交流自己的成功经验。

这类话题是大家想谈、爱谈又能谈的，人人有话，自然就谈得热闹了。

2. 即兴引入

巧妙地借用彼时、彼地、彼人的某些材料为题，借此引发交谈。如上海 17 岁学生跳桥自杀事件，当提出这个时事新闻时，教师都会议论，可以趁着这个机会慢慢引申，把话题集中在如何教育学生“热爱生命”上。

（二）讲究对话

社交性谈话，既不同于个人的自说自话，也不同于当众演讲，而是交往双方构成的听与讲相配合的对话。对话的本质并非在于你一句我一句地轮流说话，而在于相互间的呼应。真正成功的对话，应该是相互应答的过程，自己的每一句话都应是对方上一句话的继续，对对方的每句话都应做出反应，并能在自己说话时适当引用和重复。

（三）话题转移

教师间的对话不一定能够顺利进行，有时话题始终不能集中，因此在两种情况下需要转换话题。

一种情况是自己对谈论的话题已失去兴趣，而对方却谈兴正浓，彼此难以谈到一块。此时，不必硬着头皮去听，而应当通过提出一个富有启发性的问题，或接过对方的某一句话，自然地过渡到另一个双方都感兴趣的问题上。这样，对方的自尊和谈兴都未受到损害。

另一种情况是，自觉、敏感地观察对方的反应，知趣地感受对方的暗示，约束自己的谈兴。当对方表现出厌倦神色时，就该适可而止了。

（四）别忽略细枝末节

在交谈中，倘若能注意以下“小事”，当能产生增进人际关系的效果。

1. 让先

让别人先说，一方面可以表现你的谦虚；另一方面可以借此机会来观察对方，给自己揣度的时间和从容考虑的余地。

2. 避讳

不论与什么人交谈，都应对对方有所了解，聪明地避开某些对方忌讳的话题，如个人的隐私、疾病及不愿提及的事情，否则会引起对方不快。要学会察言观色，一旦发现自己不小心触及了对方的忌讳，对方面有不快之色或状态尴尬时，应立即巧妙避开。

3. 谦虚

社会心理学家发现，一般人都不喜欢嘴上老挂着“我”的人。因此，应避免过于显露自己的才学，开口便“我如何如何”。须知谦虚的态度总是易为人所接受的。一般情况下，人们总是先接受一个人，而后才肯接受他的意见。

4. 诚恳

交谈的态度以诚恳为宜。油腔滑调，纵然有很好的意见，也难以为人们所接受。

5. 幽默

恰到好处的幽默，能使人在忍俊不禁之中体会到深刻的哲理。幽默运用适当，可为社交增添活跃愉快的气氛。妙趣横生的谈话来源于一个人修养和才华的有机结合，不可强求。如果仅仅为了追求风趣的结果而讲些格调不高的笑话，甚至不惜侮辱他人，则只能显出自己的轻薄与无聊。

6. 口头禅

口头禅固然能体现个性，但多数是语言的累赘，即使内容相当吸引人，但如果加上若干个“这个、那个、嗯、啊”之类的口头禅，就如同在煮熟的白米饭中掺上一把沙子一样，令人难以下咽。所以，对作为语言累赘的口头禅，应当剔除。

7. 插话

要尽量让对方把话说完再插话。实在需要中途插话时，也应征得对方同意，用商量的口气说“对不起，我提个问题可以吗”或“我插句话好吗”，这样可避免对方产生误解。

8. 平衡

如果几个人一起交谈，要注意不要只把注意力集中到某一个人身上而冷落了其他人。除了你的对话者外，可用目光偶尔光顾一下其他的人。对于沉默者则应设法使他开口，如问他“你对这事有什么看法”，这样便可打破沉默，机智地引出他的话来。

总之，对话，是灵感的相互交织，是思维的彼此碰撞，也是教育才情的无限涌动。每位教师的讲述是一个故事，一百个、一千个故事汇编在一起，便成了巨著——教师成长的一千零一夜。讲的人和听的人也就拥有了一千零一个故事，分享着一千零一种体验与感受。这就是教师对话的巨大影响与魅力所在。

第四章

教师语言艺术修养

第一节　打造属于自己的语言风格

语言风格是语言风格学的核心术语，是语言风格理论研究必须回答的首要问题。关于什么是语言风格，学术界的看法并不一致。一般来说，语言风格是人们运用语言表达手段形成的诸特点的综合表现，它包括语言的民族风格、时代风格、流派风格、个人风格、语体风格和表现风格，它是在主客观因素制导下运用语言表达手段的诸特点综合表现出来的格调与气氛。

一、教育中艺术性语言对教师声音上的要求

（一）音质优美

音质优美，是良好的教师语言形成的基础。所谓音质，是指语音的音色，是一个音区区别于其他音区的依据和标志。它主要是由声道的共鸣形状和发音部位与方法的不同决定的。每个人的发音体和发音习惯都有自己的特点，这就造成了音质的个性差异。好的音质，圆润清亮，结实饱满，让人听了悦耳爽心，有利于增强语言的感染力，激发学生的学习兴趣，营造良好的课堂气氛，从而提高教学效果；而差的音质，粗糙沙哑，干涩低暗，使人听了刺耳烦心，就会影响学生的课堂情绪，自然也要影响教学效果。

音质的好坏有先天的因素，但并不完全由先天因素所决定。只要掌握正确的方法，进行科学的训练，是可以使音质得到改善的。提高音质质量的主要途径，是进行艺术训练。

一要用本色声音自如地发声。有些初上讲台的教师为了使自己的声音能让学生感到震撼，讲课时一味地大声，粗声大气；有的教师教了一段时间的书，把教师的教学语言当成拉家常，讲课有气无力，声音平淡；甚至个别哗众取宠的教师故意压喉卡嗓，

挤气出声，以引起学生的注意。实际上这些行为都是大可不必的。教师说话应选择自己自如声区中的最佳音域和最佳音量，并注意自我监听调节，切忌生硬做作，养成不良的发声习惯，人为破坏自己固有的音色美。因为任何人的发声机制都不是十全十美的，关键是是否善于用本色音，善于扬长避短，并适当地调节，从而声情并茂。如音色尖细的老师，应注意用腹腔、鼻腔的共鸣，使声音浑厚一些；音色低沉的老师，可注意提高平直调，适当强调高升调；音色鼻音重的老师，要注意少用鼻腔共鸣，即使是发鼻辅音时也让一部分气息通过口腔的共鸣发出来；至于嗓音已嘶哑，发音困难的老师，应及早检查治疗。

二要适当地运用共鸣技巧。教师讲课应该让教室里的每个学生都听得清楚，其说话音量必然比平时要高些。为了避免那种仅靠提高声带颤动的频率来增加音量的现象，就有必要在发声时适当地运用共鸣技巧，以提高音量，减少疲劳，从而长期保持嗓音洪亮，音色优美。运用共鸣技巧主要应掌握好“口张”“喉松”“鼻松”三个环节。口张，即发音时口腔的空间要扩张开，使发声部位后移，声音有了较大的空间，就响亮而浑厚。喉松，即喉部放松，声音自然颤动，让声音在喉腔与鼻腔之间产生共鸣。鼻松，指在发鼻音的音节时，软腭下垂，舌根放松，让气流从鼻腔中流出，同时声音也能在鼻腔中产生充分的共鸣。总之，掌握了共鸣发声的初步技巧，才能使声音响亮、丰厚、圆润。

（二）语速适中

语速即说话速度，是在单位时间里所说出的字数（或音节）。太快或太慢都不合适。一般情况下，日常说话的语速较快，而表演艺术或演讲的语速要更慢。语速的快慢受说话场合的影响，也受说话人情绪的影响。语速通常是变化的，有时快、有时慢，但每个人都有一个惯常使用的语速，惯常使用的语速形成了一个人的说话习惯。语言语速可大致分为：

慢语速：每分钟 150 个音节以下

舒缓语速：每分钟 180~200 个音节

中等语速：每分钟 230 个音节

较快语速：每分钟 250 个音节以上

快语速：每分钟 300 个音节以上

中央电视台新闻播音的语速为每分钟 240 个音节左右、250 个音节左右以及 270 个音节左右，一般朗读文章的语速为每分钟 220 个音节左右。年轻人的语速较快，有时可达每分钟 350 个音节。语速最慢的老年人，每分钟 100 个音节左右。朗读文章时，叙述、写景的地方，或情绪平静、沉郁、失望的地方，气氛庄严、行动迟疑等内容或较难理解的语句，读的时候速度都要慢一些；悲哀的地方，应读得深沉清晰，速度更慢，表达出沉重的感情；情绪紧张、热烈或在愉快、兴奋、慌乱、惊惧的时候，以及激昂慷慨、愤怒、反抗、驳斥、申辩等内容，读的速度可适当快一些。

教学语言语速的要求是：以正常语速为主，间有超常语速（特快或特慢语速）。教师的语速与学生接收、处理信息的速度同步就是合理的语速。教师一般情况下应采用正常语速进行教学，在强调重点、难点时则可有意使用慢语速，有时可故意使用超常快语速以吸引学生的注意力，或造成一种幽默风趣的生动效果，故意渲染一种心情，营造一种气氛。语速的变化，可以使自己的声音富有吸引力，可以更好地塑造自己的声音形象。

（三）音量适度

音量，是指声音响度的大小。教师在课堂上的讲话，应当把音量控制在适当的程度，也就是说应有一个合理响度。

我们看看下面这个故事。

一次晚饭后，家属院里几个上初中、小学的孩子围成一堆儿，七嘴八舌谈得很起劲儿。走近一听，原来他们正在评论各自的老师，互相介绍他们给老师起的绰号。有的孩子还调皮劲儿十足地模仿某老师讲课的声音、语调或口头禅。他们以青少年特有的语言敏感和模仿才能，学得惟妙惟肖，不时引起一阵阵哄笑。听听这些绰号吧："高音喇叭""轰天雷""吓一跳"（讲话嗓音过大）"蜜蜂阿姨""催眠灵"（讲话声音太小）……

我想，教师不必因为这些绰号中包含着明显的不敬成分而责备孩子太调皮。记得有位教育家说过：教师生活在学生中间，就像每天都站在一面镜子前一般。那么，"镜子"如实地照出了教师某方面的毛病，这是很自然的事。如果从研究教学语言的角度看，这些绰号包含的指责和嘲弄大体是指教学语言响度不合理。

由于性格、气质、体质、语言习惯等多方面的差异，每位教师在日常生活中说话的高、低、强、弱各不相同——有的爱粗喉咙大嗓门儿，有的总是柔声细语。各种语言习惯在生活中一般并不妨碍思想交流，但是课堂上说话的高、低、强、弱就不能不讲究了。响度合理是理想教学语言的必要条件之一。

说话声音有高、低、强、弱，从语言学角度说，这是"响度"问题，而响度大小是以人听觉的程度来衡量的。人们听见的声音的响度，实际上是强度、长度、高度的总和。物理学里用"分贝"作为计量声音强度的单位。分贝主要是以声音对人的耳膜刺激、震荡的强弱程度来确定的。言语的音响效果，只能以听话一方的耳感来确定。

在日常生活中常见的现象是，当两个人"咬耳朵"说悄悄话时是窃窃私语；当人们面对大庭广众慷慨陈词时，则往往放开喉咙，大声疾呼。在房间里谈心和在旷野上呼唤，音高、音强度差别很大。对正常人说话与对听力差的人说话，嗓门大小也不一样。可见，人们在生活语言中也总是很自然地根据听话人的生理状况、对话者之间的距离等条件，随时调整说话声音的高低强弱，尽量选择理想的响度。教师上课传授知识是交流思想、传递信息的活动。为了提高教学效果，不能不努力寻求教学语言的“合理响度”，也就是使自己说话的音高、音强、音长控制在最适当的程度。具体标准是使坐在每个位置上的学生都能不吃力地听清楚教师讲的每句话和发出的每个音节，并且耳感舒适。如果达不到或超过这个合理响度，就会妨碍信息的传递，从而影响听课的效果。

不少教师自恃声音洪亮，即使在小课堂上课也习惯于放开嗓门，像在大会上讲演一样。殊不知这种习惯的坏处实在很多：首先，讲者无谓地消耗能量和精力。其次，由于学校教学区的建筑结构，不论楼房平房，总是一排排教室毗邻连接的，当这个教室上课时，其他教室也在上课。如果某个教室里教师讲课声音过大，对四邻也是一种干扰。再者，对本班的学生来说，超过所需响度的讲话会使听者感到太受刺激，心神不宁，影响听者收取信息和及时反馈。特别在低年级，教师那种大功率高音喇叭式的讲话，会使少年儿童感到惊惶不安。此外，在中小学里，一位教师往往每天要连续上几节课，假如养成这种不合理控制声音响度的说话习惯，一登台就粗声大嗓，以致声嘶力竭，天长日久，很容易造成声带损伤，使音色变得沙哑干涩，而且往往不易治愈。

反之，如果教师说话声音过小，达不到必需的响度，后面几排座位上的学生就听不清，不能顺利地收取到教师发出的全部语言信息，当然也会直接影响到教学效果。有些教师讲课时故意将声音压得很低很小，稍远一点的学生听得很吃力，稍一疏忽就听不清；并且把这当作“经验”，认为这样做可以使学生上课时专心致志地听讲。其实，这是不科学的。教师声音太小，一旦时间过长，少年儿童的注意力就很难集中，这和靠所谓“高声讲课使学生注意力更集中”一样不科学。

到底怎样科学、合理地把握教学语言的响度呢？这要靠教师自己善于体会揣摩，善于在实践中总结。话是讲给教学对象听的，要时时从听者的角度着想。此时不可忽视的一个标准是讲课者本人的耳感，即自己在讲话的同时，自己的耳朵也在听着。自己说话声音高低强弱，音响效果怎样，自己的耳朵就随时在“监听”和检验。

有经验的教师讲课总是很自然地借助个人耳感，根据课堂空间大小，最近和最远的学生座位与讲台间的距离，听课人数的多少，教室有无天花板，门窗是开是关，课堂内外噪声大小等各种与音响有关的因素，以及个人声音的特点，把握个人说话的合理响度，以追求响度的最佳效果。某些老师讲究“音灌满堂”，对不对呢？这有待分析。如果“音灌满堂”意味着使坐在教室任何角落里的学生都能不费力地听清每个音节，就是对的。不过，有些提倡“音灌满堂”的教师往往是盲目地放开嗓门，那是不科学的“超合理响度”。我国当前一般学校教室建筑面积多为60~70平方米，地面距天花板高度一般在3米左右，室内空间大约在200~230立方米。若在室内外比较安静、无明显噪声干扰的情况下，讲话声音只需比平常三五人在室内随便交谈的声音稍大一点就可以“灌满”这么大的空间，保证坐在室内每个位置上的人的听感清晰度。经验少的教师如果觉得难以把握课堂语音的响度，不妨课后在空教室里借助一部收音机或电视机试一试，将机子放在讲桌上，调整其音量，再走到最后排角落里听听效果，找到最合适的响度，那也就是自己讲课的合理响度。

（四）合理停顿

停顿，是话语中短暂的语音间歇，也有人把它称为语音表达中的“零位素”。在口语表达中，停顿除了具有调节气息的生理作用外，还具有突出重点、增加表情色彩等多方面的修辞作用。

停顿可分为以下几种：

1. 语法上的停顿

语法停顿是句子中的间歇，反映句子中的语法关系。停顿时间的长短依次是：句号、问号、叹号；分号、冒号；逗号；顿号。但有时由于语气感情的需要，停顿的时间也可延长或缩短，有的虽有标点也不一定停顿。比如《捞月亮》中小猴子喊：“糟啦！糟啦！月亮掉到井里啦！”两个“糟啦”可以连起来读，也可以把全句都连起来读，以表示吃惊、急促。

当较长的句子中间没有标点符号时，可按语法成分来停顿。停顿的主要位置是主语、谓语之间，主语、宾语之间，定语、状语、补语与中心语之间，特别是各部分较长时更应注意它们之间的停顿，停顿的时间要短促。例如：

（1）在我的家里，珍藏着一件／白色的确良衬衫。这不是一件／普通的衬衫。这衬衫／凝聚着敬爱的周总理对工人群众的阶级感情。每当我看到它，周总理／那高大光辉的形象／就浮现在我的眼前；每当我捧起它，就不由得回想起／那激动人心的往事。

（2）但他们那种不畏风霜的姿态／却使人油然而生敬意，久久不忘。当时很想把这种感觉写下来，但／又不能写成。

2. 注意特殊停顿

强调停顿是句子中特殊的间歇，是为了强调某一事物，突出某个语意或某种感情，或者是为了加强语气。而在不是语法停顿的地方做适当停顿，或在语法停顿的基础上变动停顿时间，这样的停顿称为强调停顿，又可以叫作逻辑停顿或感情停顿。例如：

（1）王后听说白雪公主还活着，气得直咬牙齿：“哼，哼，谁／比我美丽，我／就得／害死谁！”

在“我”后面强调停顿，表现王后的气急败坏、凶狠和毒辣。

（2）春天／像刚落地的娃娃，从头到脚都是新的，它生长着。

在“春天”后面强调停顿，表现对春天到来的喜悦及希望。

3. 把握结构停顿

结构停顿是由文章的层次结构决定的，是为了表示文章的层次、段落等所做的停顿。停顿时间的长短，应视具体的语言环境而定。在一般情况下，间歇时间的长短依次是：段落、层次、句子。句子间、层次间、段落间衔接紧密的就停得短些，另起话题之前就停得长些。

【案例】

白杨礼赞（节选）

这／就是白杨树，西北极普通的一种树，然而／绝不是平凡的树。／／

它／没有婆娑的姿态，没有屈曲盘旋的虬枝。也许／你要说它不美。如果美／是专指“婆娑”／或“旁逸斜出”之类而言，那么，白杨树算不得树中的好女子。但是／它伟岸，正直，朴质，严肃，也不缺乏温和，更不用提／它的坚强不屈与挺拔，它是树中的／伟丈夫。当你／在积雪初融的高原上走过，看见平坦的大地上／傲然挺立这么一株或一排白杨树，难道你就只觉得它只是树？难道／你就不想到它的朴质，严肃，坚强不屈，至少也象征了北方的农民？难道／你竟一点也不联想到，在敌后的广大土地上，到处都有坚强不屈，就像这白杨树一样傲然挺立的／守卫他们家乡的哨兵？难道你又不更远一点想到，这样枝枝叶叶紧靠团结，力求上进的白杨树，宛然象征了今天在华北平原／纵横决荡，用血写出新中国历史的／那种精神／和意志？//

白杨树／是不平凡的树，它在西北极普遍，不被人重视，就跟北方的农民相似；它有极强的生命力，磨折不了，压迫不倒，也跟北方的农民相似。我赞美／白杨树，就因为／它不但象征了北方的农民，尤其象征了／今天我们民族解放斗争中／所不可缺的朴质、坚强、力求上进的精神。//

让那些看不起民众、贱视民众、顽固的倒退的人们／去赞美那贵族化的楠木（那也是直挺秀颀的），去鄙视／这极常见、极易生长的白杨树吧，我要高声赞美／白杨树！

教学言语的停顿，可分为以下几种：

1. 强调性停顿

为了加强学生对所讲知识的理解，教师在讲话时或讲话前有意识地停顿。

2. 提示性停顿

为了引发学生的思考，教师有意识地停顿一会儿，供学生思考，等待学生回答。

3. 引用性停顿

教师在教学中有时要引用别人的话，为了提示引用，教师会在引用前先停顿一下，学生便清楚地听出教师所引用的话语。

4. 制造戏剧效果的停顿

教学中为了使教学言语生动、风趣、幽默、诙谐，增加言语的表现力，教师会有意识地制造停顿。常见的有卖关子、歇后语、抖包袱、谐趣等技巧性停顿。

二、简约严谨的语言风格

这种风格以简明扼要、言少意周为特点。讲求语句的斟酌，以尽可能少的语言表达尽可能多的意思，并做到严谨周密。表达中应减少形容铺排，力戒冗词赘语。当然，有时也可适当用一些诸如省略跳脱、成分共用、短小的排比、精警的比喻等修辞手法。简约严谨的风格为古今教育家所提倡，《学记》中所谓的“约而达，微而臧，罕譬而喻”，实际上指的就是这样一种语言风格。叶圣陶先生也力倡教师的语言要简练周密。请看下面两段话：

（1）某历史教师上《原始社会》的教学实录

原始社会分两个阶段：第一阶段是原始人群，主要有元谋猿人、蓝田人和北京人。第二阶段是氏族公社。前一时期是母系氏族公社，其前期为山顶洞人，繁荣期是半坡氏族和河姆渡氏族；后一时期是父系氏族公社，其典型是大汶口文化中晚期。

（2）某化学教师上《分子式》教学实录

今天我们学习第七节——“分子式，分子量”。首先学习什么是分子式。大家看书上的黑体字：“用元素符号来表示物质分子组成的式子叫分子式。”注意：第一，分子式是用元素符号表示的；第二，它是用来表示物质分子组成的，是一个式子，叫分子式。下面我们一起来朗读一遍。

前一段概述“原始社会”的分期，提纲挈领，信息量大；后一段讲解“分子式”的含义开门见山，重点突出。两段话中极少使用虚词，没有一个冗词，句子主干突出，极少修饰，不加形容，句句相扣，绝无旁枝逸出，既言简意赅，又严密周至。

三、质朴平实的语言风格

列夫·托尔斯泰说：“如果世界上有优点的话，那么质朴就是最重大、最难达到的一种优点。”具备这种优点“难”就难在以事物原本的色彩显示一种自然的、质朴的美。教师语言艺术具有这样的优点也“难”，难就难在它不修饰、不雕琢、不渲染，却要显示教育教学语言的基本格调——不贫乏、不呆板、不单调。因此，朴实是教学语言风格的基本格调，它主要表现在以下方面：

（一）选词准确

常用词语的运用是朴实这一风格的基本要求。运用常用词语应以“准确”为前提。正如李凖先生所说的：“我觉得准确太重要了。首先是‘准确’，准确了，就会产生一种质朴的美。”教师语言风格要达到朴实，首先要在叙事说理、阐释推导上力求准确；其次，要如同白描，寥寥几句就把要表达的内容准确真实、自然平实地摆在学生的眼前。

（二）遣词平实

教学语言的朴实是教学语言的基本格调。通常没有长串的、叠加的修饰和形容成分，很大程度上表现事物原本的、未加雕琢的模样。教师语言要达到朴实，应在遣词上力求平实。叙说时，不描摹，开门见山；解说时，不铺排，条理清楚；评述时，不渲染，观点鲜明；抒情时，不呼告，情在其中。

（三）择用口语

口语词突出的特点是质朴亲切，自然流畅，生动鲜活。教师在叙述、讲解、分析、推论时，择用通俗晓畅、平实情真的口语词，貌似平淡无奇，却能平中见巧，淡中显奇。

四、清丽鲜活的语言风格

这种风格以清新优美、形象生动、鲜灵活泼为特点。讲求辞采，注重修饰，而且情思丰富，色彩鲜亮。在用词方面，重视词语声音的和谐，如常用一些拟声词、叠音词、双声叠韵词等，并注意音节的配合，较多使用色彩鲜明的形容词，常用一些变格转义的词语；在句式方面不拘一格，灵活多变，常有意识地选用一些描述句、整句、变序句等；在辞格运用方面，多用比喻、比拟、借代、易色、仿拟、曲用、转品、精细、析词等富有形象性和生动性的辞格。另外，还应重视副语言和态势语的灵活运用。请看山东某特级教师教朱自清《荷塘月色》的一段课堂实录：

文章的第三自然段就在于告诉读者，“我”是带着一种怎样的情绪走向荷塘的。经过了想、走、爱这三个过程之后，一个如烟如梦的荷塘“千呼万唤始出来”。如此一而再、再而三地渲染一种气氛，就在于告诉读者，朱自清先生是带着一种情绪走向荷塘的。到底带着一种怎样的情绪呢？这就要联系一下当时的时代背景。同学们说这篇文章写于哪一年？（生齐：1927年。）1927年中国历史上发生了一件震惊中外的事情，什么事？（生齐：“四·一二”反革命政变。）朱自清先生是一个具有进步思想的小资产阶级知识分子，“四·一二”政变之后，朱自清先生开始思考：人生的道路应该怎么个走法呢？他开始迷茫了，心里非常痛苦，于是就想去荷塘排遣一下自己内心的忧愁。就是这样一种心情，通过想、走、爱，然后写荷塘月色美景，因此，我们就要体会一下荷塘月色的美景的特点是朦朦胧胧的，是非常淡雅的，正是这种朦朦胧胧的景色恰好把作者心中的忧愁给若有若无地表现出来了，既不让你一览无余，又不是让你一点儿也看不出来。用作者书中的话来说，虽然是满月，天上却有一层淡淡的云，所以不能朗照。这就是作者通过这样景物的特点来表现自己特有的心境，因此，虽然是写景，实际上是写情。

这段话中，该老师用了许多形容性的词语，包括一些双声叠韵词和叠音词，如“如烟如梦”“若有若无”“一览无余”“渺茫”“淡淡”“朦朦胧胧”等，又用了大量修饰、形容意味极浓的描述句，尤其还运用了曲用的修辞方式，如用“千呼万唤始出来”表现经过“三个过程”后才出现荷塘的情景，用文中的话“虽然是满月，天上却有一层淡淡的云，所以不能朗照”来表现课文通过写景“若有若无”地体现作者的忧愁的境界。读之，给人一种清新活泼的感觉。

河北某老师上《石钟山记》一课，临近尾声时，别出心裁地以导游的口吻向同学们介绍起了石钟山的优美景象和山名的由来：

鄱阳湖口，长江之滨的石钟山，素有“小蓬莱”之称，是座千古名山，山上“石钟亭”“怀苏亭”“清浊亭”等三十多个景点各具特色，但最让人留恋的要数“江天第一览”了。

从登山南路拾级而上，步入山门便见“石钟亭”。沿阶而进，穿过竹林，是纪念苏东坡三游石钟山的“怀苏亭”，再过“纷园”，横穿“廊外廊”就到了悬崖绝壁之上的“江天一览亭”了。这里视野开阔，气象万千，为眺望长江和鄱阳湖的览胜之处。站在亭前的一块巨石之上，手扶栏杆放眼望去，水天相接，迷迷茫茫；稍近，碧波荡漾的鄱阳湖和波涛滚滚的长江水你挤我拥，谁也不让谁，真是“水天黄赤界，江湖两分明”。再近，湖面上渔帆点点，渔歌阵阵，一些不知名的鸟儿相互追逐着，仿佛在喜庆鱼儿满舱。脚底处便是当年苏东坡乘船夜探石钟山的地方。侧耳细听，“水石相搏，声若洪钟”。循隧道而至崖底，可见到“上锐下广，中空而如钟”的山洞。钟之形与钟之声为石钟山的山名提供了较为充足的理由，这里山依水，水环山，江入湖，湖纳山，构成了一幅极妙的风景画……

听着这样的话语，一股清丽鲜活的气息扑面而来。

清丽鲜活的风格要求我们善于调动各种语言艺术化的手段来增强表达效果，或形容，或描摹，或铺排，或点缀，形象生动，情思飞扬。语言要充满活力，充满灵气，给人以鲜灵活泼的美感。清丽鲜活风格的形成，需要更多地吸收文学语言的方法和技巧，因而要求教师必须具有较高的文学修养。

五、庄重典雅的语言风格

教师讲课的态度端庄持重，出语脱俗文雅，有根有据，这与严谨精练的风格有某些类似，但前者表现出来的情趣更为高雅，具体体现在教师说话少用俚语俗语，偏重用书面语，还不时杂有文言词、文言句式，即便是诙谐，也常常是从引经据典中生发出来。例如，有位老师教柳宗元的《捕蛇者说》，当讲到最后一句“故为之说，以俟夫观人风者得焉”，其中的“人风”本应是“民风”，因为唐太宗叫李世民，要避讳这个“民”字，所以才改用“人”字。说到这里，教师讲了一段有趣的笑话：

我国古代对于地位或辈分高的人，依礼不得直呼其名，连名字里的每一个字都不能念出来，谓之“忌讳”。五代时有个大官叫冯道。《籍川笑林》记载了冯道的门客讲老子《道德经》的一则故事。《道德经》开卷第一句是“道可道，非常道”，门客因为要忌讳冯道的“道”字，不敢读出“道”字来，只好念：“不敢说，可不敢说，非常不敢说。”

六、繁丰疏放的语言风格

这种风格以丰赡详尽、粗放不拘为特点，它是与简约严谨相对应的一种风格。叙事说理，尽情发挥，随意铺陈，不求省减，不避繁复，力求把话说深、说透、说细、说全，且表达自如，不受拘束。在词语上多同义联用，句式上多用叠句、松句、繁句，辞格上常用排比、换述、穷举、精细、错综等。另外，还应注重细节描述。

（一）繁丰的语言风格

繁丰，是与简约相对应的一种表现风格，它是教师为强调教育教学内容，或是为突出、描绘及抒发事理等需要，以铺排的语言全面深入，详尽细致地论述、阐释、描述、说理的语言。它不是烦冗、啰唆和累赘，而是一种符合教育教学需要的纵横泼墨。具体表现为在内容上常用意义相同或相反的句群，从不同侧面、不同角度集中说明一个问题；在句式上多用繁句、散句、松句；在词语的选用上多用同义词、形容词等；在辞格的调遣上常用反复、排比、比喻等。这些表现手段的综合运用，可以使教师语言具有繁复之美。例如：

新世纪的巨人已迈出了他的脚步，然而我们依稀看见他身后的斑斑血迹：20 世纪的阴霾还没有挥去，21 世纪又有几块乌云遮住了黎明的曙光。我们不禁要问：20 世纪的人类命运为什么那样惨烈？前 50 年，两次世界大战的空前的劫难像是要把人类推回到蛮荒时代；后 50 年，又是小战不断，民族的仇恨、宗教的矛盾、领土的纷争、意识形态的对立，就像是人们手中的火柴，随时都可以点燃熊熊战火。新的世纪刚一开始，美国世贸大厦倒塌，尘埃尚未完全落定，阿富汗又饱受生灵涂炭之苦。此时此刻、此情此景，谁不企盼、谁不呐喊：“给人类一个安宁温馨的家园吧！”是的，为了让自己的国土不再燃烧起圆明园的烈火，不再响起南京大屠杀的枪声，不再有什么外国的国旗插上中国的南沙群岛，不再有许杏虎、朱颖夫妇的双双殒命，我们必须筑起新的长城。

上例是一位政治教师讲《和平与发展》课时的阐释语，充分显示了教师语言的繁复之美、贯通之美、错综之美。体现这些风格特点的手段有：

1. 多用书面语言

繁复之美主要表现在对内容多侧面、全方位的描述上。上例中的“斑斑血迹”“阴霾”“劫难”“熊熊战火”“尘埃”“生灵涂炭”“殒命”等，运用对比，既表达了对和平的向往之情，又表明了强烈的忧患意识，不求省减，不避繁复；通过运用象征、比喻、反复、排比等修辞方式，从不同角度铺陈，揭示了强大的武装、坚固的国防是维护和平的有效保障这一主题。

2. 语义的贯通

贯通之美主要体现在语义的连贯上。上例中的“新世纪的巨人”虽已迈出了脚步，然而“依稀可以看见他身后的斑斑血迹”“20世纪的阴霾”和“21世纪的几块乌云”。因为这样，所以“我们必须筑起新的长城”。前后语句互相依存，结果的出现依存于特定的原因或条件，语义贯通，气势不凡。

3. 句式的选用

错综之美主要表现在句式的选用上，整句和散句、长句和短句的交错运用，避免了单调、呆板，增强了严密、精确。如“民族的仇恨、宗教的矛盾、领土的纷争、意识形态的对立，就像是人们手中的火柴，随时都可以点燃熊熊战火”这一长句，词语多，结构复杂，严密细致地揭示了影响世界和平的种种因素。

需要说明的是，简约与繁丰这两种相对应的表现风格，在具体的教学中并非是互相排斥的。它们各有所宜，各有不同的使用语境。或简约，或繁丰，关键要看教育教学内容，看教育教学对象。该简时惜墨如金，该繁时则纵横铺排，繁简适宜，各得其所。

（二）疏放的语言风格

疏放是和谨严相对的一种语言表现风格。它侧重于主观性情的自然流露，因而语言并不特别讲究表述的高度准确性，一般线条比较粗，视野较开阔。这种表现风格运用于教育教学中，不像谨严那样严密、细致。教师的语言一般质朴直率，较为随意，上下文、上下句之间有较大的跳跃性。主要表现在以下两方面：

1. 根据对论点的想象显示教师直率质朴的语言风格

想象是将记忆中的表象进行合乎情理的重新组合，它是在逻辑思维的指导、制约以及渗透下，与情感融合在一起从而构成新形象的思维活动。在这种思维活动中重要的要素是联想，教师根据教育教学的需要，把一个个表象通过合乎情理的扩充、联想，用生动形象的语言描述，可使学生的思维在认知结构的信息库中，产生质的飞跃、升华。

上海某生物老师常常运用想象描述，帮助学生将理论与应用相结合，使学生在生物认知结构中形成不断的知识链，组成纵横交错的生物知识网络。如在讲解“河蚌”时，先讲述“鹬蚌相争，渔翁得利”的故事，让学生想象鹬蚌“相争”的情景。然后提出两个问题：鹬是水中的鸟，喙长而硬，怎么会被河蚌夹住而脱不了身呢？河蚌贝壳坚硬为什么又属于软体动物？学生在讨论的基础上，经过老师恰当的点拨，理解了河蚌闭壳肌的作用、贝壳的意义和软体动物的主要特征。

在鸟类的多样性一课中讲“猫头鹰”时，教师首先出示猫头鹰的标本，让学生运用记忆中的表象进行思维联系，把静态的标本“复活”，学生由眼前静态的标本联想到田野、联想到高山、联想到猫头鹰在夜晚的活动。然后，教师在此基础上进一步展开想象，归纳出猫头鹰的形态，特别是猫头鹰适于夜间捕捉老鼠的形态特征：它们听觉敏锐，能听到很远地方的声音；翼宽大，适于空中飞翔；眼睛和瞳孔很大，能在黑夜里看清远处的东西；羽毛很柔软，晚上飞行时不易发出声音；钩爪很锐利，能够捉住老鼠。

在强化巩固猫头鹰的形态特征的基础上，再通过猫头鹰的录像播放，使学生记忆中的猫头鹰和想象中的“活”的猫头鹰更确切、更完整地印在学生大脑，充分显示了教师广阔灵活的思维联想能力。

2. 围绕一个命题，在变换中显示教师洒脱淳朴的语言风格

教师的这种语言表现风格，一般适用于有相当思维能力、有较丰富知识的学者，特别是在学术讲座中，这种表现风格很受人们青睐。全国人大常委会副委员长、北京师范大学教授、博士生导师许嘉璐先生，无论代表政府演讲，还是给博士生授课，都较多运用疏放的技巧充分显示其广阔的思维联想、灵活的语言驾驭能力。

请看某教授给北京某大学汉语文化学院全体师生做的“关于文化”的演讲片断：

传统文化中的温良敦厚、高雅细腻、圆满和谐的特征，几乎无所不在。

比如，我们所听到的古筝、二胡，看到的京剧以及国画、书法，是不是你能感到温良敦厚、高雅细腻、圆满和谐？比如，在戏曲中，我们许多悲欢离合的戏剧，最后总是大团圆，这已经在民族当中形成一种情感的定势、心理的定势。如《梁山伯与祝英台》，本来是悲剧，为爱情郁郁而死，结果呢，梁祝化为蝴蝶，在人间翩翩飞舞。中国人不大能接受那种真正意义上的希腊式的悲剧。

刚刚举了两个例子，一个是古筝，尽管它的有些小节指法是快的，情绪是激昂的，但最后又归于流水。二胡，不是中原的乐器，“胡”嘛，胡人的乐器，它出现得晚，老二，所以叫二胡。本来是凄楚哀怨的，也是比较粗糙的，但是它被中华文化吸收之后，又加进了中原的东西。我们现在听《二泉映月》，刻画感情，所孕育的音乐理念是那样的细腻，经常是需要反复地听才能听出

味道。这就是为什么小泽征尔喜欢这首曲子，他指挥《二泉映月》的协奏曲，指挥完了到北京来，到北京音乐学院听了阿炳拉的《二泉映月》的原曲，那是钢丝带转录的，听完以后，他泪流满面，扑通跪下，说："这不是人间的音乐，早知道是这样的音乐，我不敢指挥。"这为什么？我觉得，这就是我所说的风格的魅力。

上例中，整个片断自然质朴，不加雕琢，不论粗细，随意插入。或比较古筝、二胡的"高雅细腻"，或评价京剧戏曲的"圆满和谐"，或说明"二胡"的名称，或描绘小泽征尔听完阿炳原曲《二泉映月》后的反应。忽此忽彼，忽古忽今，忽中忽外，在不断的信息变换中揭示"传统文化"的真谛。同时，多运用省略、跳脱的口语句式，充分表现了疏放的语言风格。由于疏放侧重于教师情感的自然淳朴，当语言常规不足以羁勒时，常以超常规的语言来表达，或搭配不协调的词语，或选用参差的语言结构，或调遣合"情"而不合"时"的词语，看似"形散"，实则"神不散"。所描绘的形象、所抒发的情感、所说明的事理之间具有较强的内在联系。它并不等同于粗疏、凌乱，也不是思维联想混乱。

繁丰疏放与简约严谨是一对矛盾，孰优孰劣，历来有争议。古人似乎更推崇后者。其实两者各有所长，顾炎武在《日知录》中说："辞主乎达，不论其繁与简也。"这是很在理的。

七、雄浑刚健的语言风格

这种风格是以雄健遒劲的语言表现出一种宽阔的境界和磅礴的气势，体现出一种奔放的情感和浩瀚的精神。文理科教师都可以运用它，以表现气脉贯通的语势，显示雄浑豪迈的格调。尤其是在文科类的教材中，金戈铁马、惊心动魄的战争场面，烈士就义、慷慨激昂的战斗气氛，热火朝天、你追我赶的建设工地，江河奔腾、惊涛骇浪的自然景观，"烈士暮年，壮心不已"的雄图大略，

“鞠躬尽瘁，死而后已”的人格魅力等，都可以让教师豪迈奔放、雄健刚强的语言风格“大显身手”。即使是理科教材，对一些在科学事业上做出特殊贡献的人物及其发明、创造等的介绍，也可以运用遒劲有力的语言倾情表达。因此，教师要根据不同的内容选择运用恰当的语言。

（一）洪亮的声律

1. 选用铿锵有力的声律

文科教材中的诗词韵文多语言遒劲、气势雄壮，蕴含着大气磅礴的风格。如毛泽东的诗词，较多用开口度大、洪亮有力的“江阳”“寒山”“坡梭”等韵脚，声音洪亮，语势豪放。恰当地选用这一类韵母的词语，可以从声律方面加强雄浑高昂的语势。

2. 选用表情达意的语气

语气是教师对传播载体深层挖掘后的情感体验，具有很强的表情作用。在不同的情感中，语气总是和一定的声音形式紧密联系的。例如，人在表达“愤怒”的感情时，声音响度大，语势猛，气粗声重，给人带来震慑；在表达“喜悦”的感情时，声音高而亮，语势急，气短声高，给人一种兴奋感。准确地运用语气，可以折射出教师奔放洒脱的个性魅力。

3. 选用高亢响亮的语调

语调是教师语言最生动、最丰富、最具变化性的语音形式，它与声音的表现形式和话语状态配合，综合上升为豪放刚健的格调，传递教师自己的内心世界、情感体验以及价值观、人生观、世界观。语调和语气一样，是根据教师内在心理活动和观念态度的起伏变化而变化的。如要表达着急的心情和不安情绪时，会选用高昂急速的语调；要反映低落的情绪和郑重的态度，则选用低沉迟缓的语调。善于运用不同语调表达情感，可以从语调方面突出豪放激扬的语势。例如，教师用幻灯片展示中华民族古往今来无数以奉献著称的英雄图后说：

鲁迅“横眉冷对千夫指，俯首甘为孺子牛”；刘胡兰“生的伟大，死的光荣”；董存瑞手托炸药包，浩然正气扬；黄继光纵身堵枪口，气宇震天响；邱少云烈火烧身不挪动，为国捐躯泣鬼神；雷锋服务为人民，精神丰碑代代扬；茅以升从小立志建大桥，勤奋神笔心中藏；水电修理能手徐虎“辛苦我一人，方便千万家”；公交服务楷模李素丽爱心献乘客，服务成明星……多姿多彩，数不胜数的英雄们正成为奉献精神的化身，民族魂魄的丰碑。今天，我们能在校园里幸福地学习，不应该忘记这些为中华民族无私奉献的英雄，是他们用自己的鲜血和汗水撞响了祖国的理想之钟！

上例充满着阳刚豪迈的风格格调。教师恰当选用韵母较为洪亮清晰的“中东韵”“江阳韵”，如“扬”“响”“动”“藏”“星”“雄”“撞”“钟”等字。并选用平仄相间、语词串对的句子，如“横眉冷对千夫指，俯首甘为孺子牛”“生的伟大，死的光荣”“辛苦我一人，方便千万家”等，使声律配合得当，音感强烈洪亮。加上语气语调的有机配合，揭示了“奉献”的实质——精神源泉，教师雄健高昂的语言风格也蕴于其中。

（二）恰当的句式

汉语的句子类型和句子形式丰富多彩。不同的句型具有不同的表意功能和修辞功能，不同的句式具有不同的表达效果和审美价值。在课堂交际语境中，教师根据题旨情境从丰富多彩的句法形式中选择最恰当的句式，有助于表达强烈的感情，形成豪放的教师语言风格。

1. 整句和散句的选用

整句的选用可使形式整齐、声音和谐、气势畅达、意义鲜明；

散句的选用，可避免单调呆板，取得灵活生动的效果。整句和散句交错运用，有助于表现雄健的语势。例如：

你们就是我们，我们就是你们，我们的路在你们的脚下延伸。为了太阳底下最光辉的事业，让我们携手并肩，不回顾，不彷徨，风雨兼程，勇往直前吧！

上例是整句和散句交错运用，韵律整齐、语势连贯、气势雄健，充满着阳刚之美、灵动之美。

2. 短句的选用

短句，易于上口，易于记忆。无论是抒情议论还是叙事状物，都能使语言形成坚定刚健的气势。恰当地运用短句，也有助于教师豪放语言风格的形成。例如：

不管学生讲什么，问什么，怎么讨论，你都能驾驭，都能解答出来。所以，要把语文教育的个性特点发挥得淋漓尽致，自己首先是读者，是非常高明的读者，解读得十分精彩，有独特的体验。语文是工具，这个工具不是机器，不是拐杖，不是筷子，它是人表情达意的工具。

上例节选自特级教师于漪的《课堂教学三个维度的落实与交融》。三个维度即知识与能力；过程与方法；情感、态度和价值观。她认为，“三个维度，三个支撑，形成立体的三维空间，互相交融”。“只讲语言文字，不含情义、情感，没有态度和价值观，是不可能的。抓住三个维度进行课堂教学，语文的个性可以发挥得淋漓尽致。”引文就是针对如何落实“三维”、充分发挥语文教育个性特点而论述的。短句的运用，能够使得话语内容层层推进，语势步步强劲。

3. 肯定句和否定句的选用

在教育信息传播活动中，特别是在对学生进行批评教育时，教师如果恰当地选用这种句式，也同样有助于构成雄浑刚健的语言风格。例如：

你真没出息，张核，连学生的笑声都受不了，你还有没有点男人的勇气？你虽然丑一点，可是你很优秀。在我教过的学生中没有谁比你更聪明！

上例是某校长对因相貌丑陋而遭学生哄笑、歧视想自绝于世的老师的批评。否定和肯定句式交错运用，语气强硬，语调铿锵。先连用两个否定句式，加重否定的分量，接着用肯定、否定并列的问句，加强否定的语气。然后用一个肯定句，突出“很优秀”，跟“没出息”前后对照分明。最后再用两个否定句，强调“更聪明”。或否定连用，或肯定连用，或肯定、否定兼用，突出了教师刚健遒劲的语言风格。

（三）得体的辞格

多用排比、层递、呼告、反问、夸张等具有加强语势的修辞方式以形成雄浑刚健的语言风格，既能表达酣畅的感情，又能增强语言的气势。根据题旨情境，恰当选用适合的辞格能使教师语言的格调得到综合提升。

以反复为例。反复有强调、突出的作用。如果与反问交错运用，则能加重语气，强调感情，壮大语势，构成雄浑刚健的教师语言风格。例如：

今天，这里有没有特务？你站出来！是好汉的站出来！你出来讲！凭什么要杀死李先生？杀死了人又不敢承认，还要诬蔑人，说什么“桃色事件”，说什么共产党杀共产党，无耻啊！这是某集团的无耻，恰是李先生的光荣！李先生在昆明被暗杀，是李先生留给昆明人的光荣！（闻一多《最后一次讲演》）

例中，反复、反问交错运用，义正词严，气势雄健，像一颗颗子弹，直射向国民党反动派，显示了雄健豪放的气氛与格调。

首先，运用反问，表达了义愤填膺之情，态度鲜明，气宇轩昂。接着，运用“说什么……说什么”两句，深刻揭穿了反动派的丑恶嘴脸，“无耻啊！无耻！”反复连用，加重语气，增强语势，充满着血和泪的控诉。最后，运用对比手法，突出了民主战士的气魄，贬斥了反动派的无耻。

总之，教师雄浑刚健的语言风格，取决于教师对传播内容的深层咀嚼并由此而生的豪情壮志、炽热感情。缺少了这个前提，“喷薄而出之”的气势就会失去物质基础。

第二节　课堂上的语言艺术

一、教师课堂语言简述

众所周知，课堂教学是教师通过语言将自己的知识传授给学生，从而达到教学的目的，这就要求教师的课堂语言要具有较高的艺术性。教师的课堂语言，应该声声入耳，句句感人，取喻贴切，出言有章。如果教师在教学过程中不能用自己的“内部语言”迅速且准确地转换成学生容易接受的“外部语言”，就会“言在此，而意在彼”，也就达不到预期效果和教学目的。如果教师不善言辞，讲起课来吞吞吐吐、语无伦次，那么即使知识再渊博，也很难完成“传道、授业、解惑”的任务。因此，教师的课堂语言应该具有较强的号召力、饱满的激情、严密的逻辑性；也应该通俗易懂，形象生动，幽默而富有启发。

（一）课堂语言应该饱含激情而具有号召力

古人云：“感人心者，莫先于情。”可见，只有语言情感充沛才能让人感动，才能广泛调动学生的学习积极性和激发学生的求知欲，才能在课堂内产生一种强烈的号召力和凝聚力，使学生的思想高度集中，而不至于“身在曹营心在汉”。那么，怎样做才能达到上述目的呢？

首先，教师应该把握感情阈值及感情流量。从心理学角度看，外界信号刺激人的大脑便引起大脑皮层的兴奋，这种信号达到一定“强度”时，感情才能开始发出。这个一定的“强度”即为阈值。因此，要以情动人，就必须有超越阈值的刺激信号，否则感情就难以发出。其实教师讲课如同相声演员说相声，必须高度进入角色才能达到“情自肺腑出，方能入肺腑”的境界。这就要求教师熟练地掌握所讲内容，才能轻松自如地进行讲解，才能充分地发挥语言技巧，从而达到“情见于辞，情发于声，情触于理”之效果。

其次，教师应该把握住适当的感情色彩，使学生产生心理共鸣。上课时，教师应该通过自己语言的抑扬顿挫和面部表情的变化及恰当的手势等，体现出不同的感情色彩。同时，根据授课内容，时而低声细语，时而大声疾呼，忽而声色俱厉，忽而婉转动听。这样，以表情、语调作为课堂语言的辅助工具，就使授课内容与讲课激情高度和谐统一，从而达到引人入胜的目的。

（二）课堂语言应该形象生动而通俗易懂

课堂中教师必须对自己的语言进行精心组织，应该选择确切、精辟、通俗、常用的字词句，应极力避免使用令人费解的、罕见的方言词和文言词等。这样才能达到课堂语言形象生动、通俗易懂的目的。其次，课堂语言还应讲究语法规则，且言简意赅，竭力使字词句等各级语言单位符合语法规则，不说半截句，不含糊其辞，也不拖泥带水，否则就会主次不分明。再次，教师在课堂中举例、取喻都应是学生易于接受且喜闻乐见的东西，否则，就达不到通过举例、取喻来进一步说明问题的目的。当然，举什么例子，取什么比喻，都应在课前深思熟虑一番，绝不可临场靠灵感信手拈来，这样往往会使自己陷入被动境地。

（三）课堂语言应该趣味、幽默而富有启发

趣味和幽默可以说是课堂语言的双臂。它们在调动学生的学习积极性、激发学生的学习兴趣及启迪学生的智慧等方面，起到了举足轻重的作用。

古人说："启其蒙而引其趣。"这就是说经过启发引导，可以大大地激发学生的学习兴趣，从而达到寓教于乐的目的。例如：语文老师解释成语"欲盖弥彰"时，就可以巧妙地用另一富有趣味的成语典故"此地无银三百两，隔壁王二不曾偷"来说明其意义。这样，学生就在笑声中很自然地记住这个成语的意思。再如，物理老师可以由一队步兵正步过桥导致桥塌的故事来讲解"共振"的原理。化学老师可以由"坟山鬼火"来解释磷燃烧的道理。这样就使抽象的理论具体化了，把枯燥的东西变得富有趣味，从而使学生不把记忆知识当成一种负担，在快乐的学习气氛中达到教学要求。当然，我们提倡课堂语言应该富有趣味性，不是要教师专门讲笑话，哗众取宠来迎合学生。否则，就会使学生觉得课堂语言过于轻佻、庸俗、油滑。这样不仅偏离了主题，而且也达不到教学目的。

（四）课堂语言应该推理严密而环环相扣

教师应该准确地表达所讲内容、严密地论证论点，用逻辑的力量去吸引学生，一步接一步、一环扣一环地征服学生。因此，教师的课堂语言应该条理清楚，推理严密，不凌乱。否则就会使所讲内容犹如一盘散沙，没有黏性，前后内容不连贯。同时，教师的课堂语言也应该具有高度的概括性。教师要抓纲张目，准确地把授课内容的重点、难点全面概括出来，只有这样，学生才能对课堂内容有清晰的印象和完整的记忆。

综上所述，具有较高的课堂语言艺术不是一件很容易的事，但也不是一件不能办到的事。只有不断探索，不断创新，才能逐渐走向完善，走向成功。

二、课堂用语的几种主要形式

（一）课堂语言中口语的学问

唐朝诗人贾岛曾为一句诗“僧推月下门”还是“僧敲月下门”苦苦“推敲”，终有“佳句三年得，一吟双泪流”的感慨。我们当然用不着为一个词语去推敲三年，但作为教师，还是必须注意在日常口语表达中对词语的选择，绝不能口不择言，随意而说。

教师在口语表达的过程中，必须善于把握词语的个性，根据表达的需要从自己的词汇库中选择出合适的词语并把它用到最适当的位置上去。

词语的选择首先必须考虑与特定的题旨相适应，即以特定的词语形式准确地表达特定的思想内容，做到就意遣词，词到意到。请看某老师上《变色龙》一课的教学实录：

师：……那奥楚蔑洛夫是怎样很快地适应这个变化的？你们圈了哪些句子？

生：“整个脸上洋溢着含笑的温情”，说明奥楚蔑洛夫对上表现出的丑态。

师：“丑态”这个词用得好，如果改换“媚态”，就更能把这条看门狗摇尾乞怜的丑态表露无遗了，媚态，也是丑态。作者用“整个脸上洋溢着含笑的温情”这些语句来刻画奥楚蔑洛夫的神态确实能达到如见其人的效果。

这位老师选用“媚态”一词来替换学生说的“丑态”，旨在为了更加准确地表现奥楚蔑洛夫这条看门狗摇尾乞怜、令人作呕的丑恶形象。

再看另外一位老师上《我的老师》一课的教学实录：

师：就是在这个时候，老师给了他一封信。刚才同学讲，为什么老师要写信，不可以在课堂里或者教室外边谈谈心吗？我这么想，这里更显出蔡老师是很郑重的——对这件事情是很郑重的。通过书信，有些话可以讲得更加深切一些。为了更加显示出老师对他的支持的一番用意，就写了封信去安慰他。不对，我用词用错了，这里不是用安慰他，用什么？

生（部分）：劝慰。

师：劝慰。“劝慰”和“安慰”有什么不同啊？（学生议论）“劝慰”除了安慰以外，还有什么意思？

生（部分）：劝说。

师：劝说，还有道理上的引导。

这一教学过程，教师在如何遣词方面给学生以直接的启示。陈老师把“安慰”一词调整为“劝慰”，更准确地表达了蔡老师给“我”写信的目的和用意。

再看下面一则教学实例：

师：哪位同学说说看，“工农”这个联合词组，是哪两个词性的词组成的联合词组呢？

生：两个名词。

师：两个名词，对了。是两个名词混合组成的。它们之间没有修饰与被修饰的关系。

这则教例中，“哪两个词性的词”会让人理解为某词有两个词性，而这个“联合词组”则是由两个不同词性的词组成的。事实上，“工”和“农”都是名词，只有一种词性。把“哪两个词性的词”改为“什么词性的词”就确切了。“混合”是指不同的物体掺杂在一起，用在这里显然与内容不符。“混合组成”可改为“组合而成”，或者可把“混合”改为“结合”。

其次，词语的选择必须考虑与特定的情境相适应，尤其要注意特定的表达对象和角色之间的关系。例如鲁迅在《藤野先生》一文中写道：

解剖实习后，藤野先生对鲁迅说：“我因为听说中国人是很敬重鬼的，所以很担心，怕你不肯解剖尸体。现在总算放心了，没有这回事。”

藤野先生这里用“敬重”一词，而不用“迷信”，是有讲究的。因为这是对中国留学生鲁迅讲话，如果说中国人迷信，那就含有批评之意，不大礼貌，听者会不高兴；说“敬重”，就不含批评的意味。再如：

一名学习后进的同学，在得到老师的帮助之后，半是疑虑半是自责地问：“黄老师，要是我有问题问您一百遍，您会烦我吗？”黄老师说：“不会烦的。黄老师对学习好的和学习暂时有困难的学生，一样喜欢。”学生听后心中充满喜悦。

老师不说“差生”“后进生”，而选用了“学习暂时有困难的学生”，这是从特定的言语对象来考虑的。学习成绩差的学生往往有一种自卑心理，缺乏自信心。如直称他为“差生”就更会强化他的这种自卑心理。用“学习暂时有困难的学生”既表明他的后进是暂时的，又体现了老师对他的信任，所以学生听后“心中充满喜悦”。再看一例：

一次，班里的一套图书不见了。同学们纷纷要求“捉贼”。叶老师冷静地考虑后，当着全班同学的面说：“拿书是爱书的表现，这次可能是哪名同学拿回家忘了带回来，也可能他看后忘在课桌抽屉里了。”接着，又以信任的口气说：“我相信我们班里是不会有人故意把书拿走的，请大家好好想想，再仔细找找，找到后请马上送还，好吗？”第二天，书奇迹般悄悄回来了。那名同学还主动找老师承认了错误。

老师的讲话有意避开一个“偷”字，而代之以“拿”，这使听者更容易接受。事实证明他说的话是有作用的。

适应语境除了注意言语对象外，还要考虑特定的时间、地点、场合、话题等。

再次，词语的选择还要考虑语体的需要。教师口语作为口头语体的一种形式，除了重视口语词语的选用外，教师还要注意同音词的分化。语言中有许多同音词，如报到——报道，暴力——暴利，笔记——笔迹，期终——期中，全部——全不，配制——配置，法制——法治，有礼——有理，等等。在口语中同音词往往容易造成歧义。如小学语文《老水牛》一课中有这样的句子：

他叫它干什么，它就干什么，他走到哪里，它就跟到哪里。

写在书面上清晰明白，但用口语表达就容易混淆了。同义形式的选用是分化同音词的有效方法。如上面的意思，进行口语表达时用“老水牛”来替换“它”，就不会混淆了。又如说“上个学期他‘qí zhōng’考试不及格”，听者往往不知这是“期中”还是“期终”。为了避免与“期中”相混，“期终”可改用“期末”。再如“不要有理不饶人，有理也要有礼”，“有理”和“有礼”听起来容易相混，将“有理”说成“有道理”，“有礼”说成“有礼貌”，语意就明白了。又如“法制”和“法治”，口语中也很难区别，可把“法制”说成“法律制度”或“法律体制”，就可区别于“法治”了。

（二）课堂语言中新语旧用有“心”意

语言是发展变化的。随着时代社会的进步，新名词、新概念、新句式不断涌现，它们身上必然浓缩着某个时代的特征，也积淀着特定时期人类文明的成果，因而是教师不可忽视的知识宝库。这就要求教师在注重自身语言的科学性、逻辑性和条理性的同时，还要讲求语言的鲜活性和新颖性，使自己的语言生动活泼而富有时代感，从而不断激发学生的学习兴趣，收到良好的教学效果。

一位教师在讲授苏轼的《水调歌头·中秋》的时候，对“但愿人长久，千里共婵娟”一句做了如下解释：“同学们，苏东坡先生远离家乡，在中秋佳节特别思念亲人，他的情和爱都熔铸在这如水的月光里。他对月抒情，借月怀人，这最后两句表达的意思是：‘我的爱也真，我的情也深，月亮代表我的心。’只是他的爱是对亲人的爱，他的情是手足之情，他托月亮捎去的是对亲人的深深祝福。”

这段话情感真挚，流畅自然，教师巧借流行歌曲的歌词打通了古今情感表达的通道，生动展现了课文的意境。由于学生对这段歌词十分熟悉，教师的讲解便能拨动学生的心弦，从而拓宽学生的思维空间，使学生在新鲜而充满活力的语言环境中对课文进行更深入的理解。

丰富多彩的生活是教师语言取之不尽的源泉，只要教师是个有心人，常在周围的语言世界中“取清风，揽明月”，他的教学语言就会多彩多姿。

（三）课堂语言中打乱词语搭配的妙用

一般说来，人们说话要符合语法和语义常规，词语间的搭配不能随意偏离语言的习惯和规范。但是，有时为了表达特殊的情感和体验，也可以突破言语常规，将词语进行奇异的搭配，从而创造出全新的语句来。例如，高中语文鲁迅的《纪念刘和珍君》一课中写道：

我将深味这非人间的浓黑的悲凉；以我的最大哀痛显示于非

人间，使它们快意于我的苦痛，就将这作为后死者的菲薄的祭品，奉献于逝者的灵前。

“悲凉”是一种心理上的感觉，是抽象的，没有颜色，“浓黑”则是表示具体事物色彩的词。两者通常是不能配合使用的。这里以“浓黑”修饰“悲凉”，是词语的异配，它表现作者所深深体味到的一种特殊情感。他直面执政府屠杀爱国人士的“三一八”惨案，又听了几个所谓学者文人的什么“没有审判力”“自蹈死地”等阴险论调，愤怒到了极点。面对反动统治下的凄惨悲凉的黑暗现实，他感到自己的“悲凉”也是“浓黑”的。这一异配用法，形象地表现了当时现实的黑暗，渲染了阴沉、昏暗的氛围，流露出作者的哀痛之情。

教师口语中，这种词语的异配用法并不少见。它是使教师口语艺术化的一种重要手段。下面从某老师的教学语言中举出一些实例来分析。先看《茶花赋》的教学语言：

1. 先用“有时难免”来写时隐时现的怀念祖国之情。“难免”就是抑制不住，情感的潮水犹如被一堵闸门拦住，起伏隐现，含蓄深沉……

2. 作者置身于花的海洋之中，沐浴在祖国的大好春光里，饱享着祖国现实生活的美，怎能不“心都醉了”？

3. 作者用“一树诗”这样的词语，把自己对祖国的美好景色的歌颂，以及自己热爱祖国的炽热感情倾泻无遗。

这三例都是修饰语和中心语的异配。例 1 中“情感的潮水”和例 2 中“花的海洋”是定语和中心语的异配，分别表现了“情感”之丰富和“花”之盛，极富形象性。例 3 中“把……歌颂，……感情倾泻”是状语和中心语的异配，用“倾泻”一词把“歌颂”“感情”等抽象概念具体化，给人以形象的联想。再看《春》的教学实录：

4. 一开始就写它的旺盛的生命力——钻出来！很强的生命力，从泥土里钻出来。这个词用得非常好！春回大地啊，人盼望着春天，草呢？（生：也盼望着春天。）

5. 他写的这篇文章哟，很清新，就好像小河里的水流淌下来一样！这些词句都从他的笔端流淌出来，我们要好好学习，怎么样抓住景物的特点来写。

这两例都是主语和谓语的异配。说“草”“盼望着春天”是用写人的词语去写“草”，将草人格化了，生动地表现出春天的美好。说“词句”“从笔端流淌出来”则是以写溪水的词语去写行文，为拟物的用法，形象地表现出《春》这篇文章清新自然的风格特点。再看一位教师《百合花》的教学语言：

6. 新媳妇不是用针在“缝”，而是用心在细细密密地“缝”。她把老百姓对解放军战士的无比深厚的感情，无比真挚而淳朴的爱，细细密密地“缝”进去，缝出感人肺腑的军民之间的鱼水深情。

腼腆的小通讯员在向新媳妇借被时，把衣服不小心挂在了门钩上，撕破了一个口子。后来，他在一次战斗中为抢救担架员而牺牲了。新媳妇十分伤心。她强忍着悲痛为通讯员擦洗身子，还一针一针地缝他衣肩上那个破洞。课文中作者对新媳妇为牺牲者默默缝补破洞的细节反复渲染，以展现这位羞涩的农家少妇纯洁晶莹的精神世界。该老师在分析课文时抓住一个“缝”字做文章，她以“用针缝”的常配用法引出“用心”“缝”，把感情、爱“缝进去”，“缝出”“鱼水深情”的异配用法，准确生动地揭示出“缝破洞”这一细节所蕴含的丰富内涵。

在具体的言语活动中，词语的常配和异配经常结合运用。例如，一位中学物理老师讲楞次定律时说：

线圈有双重性格，既多情又冷酷。当磁极来时，线圈近端产生同性磁极，排斥原磁极，抗拒磁极接近，显得冷酷无情。当磁极走时，近端又产生异性磁极，吸引原磁极，挽留磁极不离去，显得多情好客。

这段话在词语的运用上非常有特色。首先，“线圈”与“双重性格”“多情”“冷酷”等词语是超常搭配，属词语的异配用法，这位老师赋予“线圈”以人的思想感情，把它人格化了。其次，还运用了多种常配手段，如“多情”和“冷酷”，“来”和“走”，“同性磁极”和“异性磁极”，“接近”和“离去”，“排斥”和“吸引”，“抗拒”和“挽留”，“冷酷无情”和“多情好客”等是反义词语的匹配；“排斥”和“抗拒”，“冷酷”和“无情”“吸引”和“挽留”，“多情”和“好客”等是同义词语的匹配；“多情”与“无情”，“同性”和“异性”等是同素词语的匹配；而“多情”“冷酷”等词反复出现，则是同形词语的匹配。多种方法的配合运用，使整段话语富有极强的艺术表现力。

（四）课堂语言中句式改变的大学问

一般说来，汉语句式有其规范性，不能随意改变，但也不是不可改变。在特定的言语环境中，有时为了表达需要也可突破语言的常规，进行创造性的变异运用。汉语句式变异的情况多种多样，有的侧重在语义，有的侧重在形式。这里从句法结构的角度，对教师口语中常用的几种变异句式做些分析。

1. 断续句的运用

也就是俗称的半截子话，是指形式上不完整的、断而待续的话，老师只说了上半句便断了，下半句由学生补说，这样才合成一句完整的话。例如霍懋征老师上《冬晚》一课：

师：“我”把钱拿出来，把手伸过去，表示对小车夫的——

生：怜悯。

老师的话只说了一半，另一半则由学生接着说完，师生共同把语义表达完整。断续句的主要作用是引发思考，它的功能相当于一个询问句。一般情况下，老师的半截话后面往往可以补出一个疑问代词“谁”“什么”或“怎么样”等。学生只有通过思考，动一番脑筋，才能准确地续上老师的话。如上面的例子，老师的半截话，旨在询问学生，“我”不坐小车夫的车却给小车夫钱这一举动表现了一种什么样的心理。学生若不经过思考分析，就不一定能准确地续上老师的话。再看一位老师上《岳阳楼记》：

师：人说“诗有诗眼，文有文眼”，同学们说说看，《岳阳楼记》的点睛之笔是什么？

生：“先天下之忧而忧，后天下之乐而乐。”

师：对！这是古仁人的思想境界，更是范仲淹的高尚灵魂的体现，要达到这个境界，就必须——

生：“不以物喜，不以己悲。”

这里老师的半截话，实际上是问学生，要达到这个境界必须怎么样。学生的后半句是根据课文进行一番思考以后才续上的。

运用断续句还能起到集中学生注意力的作用，老师的话说到一半停下来，让学生参与表达，这样能促使学生全神贯注地听课，牢牢把握老师的思路，强化师生之间的联系和交流，同时也可以使课堂气氛更加活跃。

2. 插说句的运用

是指在叙述过程中由于表意的特定需要，在一个完整的句子中间插入另一个句子。口语表达往往受意识流动的支配，有时话说到一半，忽然觉得需要补充、注释、说明、引例、强调或提示等，就常用插说句来表达。教师口语中，插说句的运用是比较常见的。如一位老师上《一只木屐》的教学实录：

学生把第一段段意概括为：“我看见在离船不远的水面上，漂着一只木屐。”老师说：“如果还要更加完整一些呢，就应该把从什么地方看，——我伏在船栏上，看见离船不远的水面上，漂着一只木屐。——也写出来。对吗？”

“……把从什么地方看也写出来”是一个完整的句子，该老师在讲到“从什么地方看”时，觉得这里应该补充说明一下，于是就插进去一个句子，进行补充说明，以帮助学生理解。再如某老师上《我的叔叔于勒》的教学实录：

家里明明很穷，买的衣服都是什么底货，——“底货”就是陈货，就是留在那个“底下”的那些货，可以便宜点。——但是还要摆阔气，好像家庭很富裕，要面子。对吧？

该老师在讲到“底货”时，觉得这个词不易理解，应该解释一下，于是中途插进“底货就是……”一句进行补释，再接着讲完原来的句子。这里插说句的运用，由一般的泛说引到通俗的讲解，旨在引起学生的注意，增加他们的听课兴趣。

3. 倒装句的运用

是指为了达到特定的修辞目的而故意颠倒句子成分或分句次序的句子。汉语没有严格意义上的形态变化，语序是重要的语法手段。汉语的语序，一般情况下是较为固定的，如主语在前、谓语在后，定语状语在前、中心语在后，述语在前、宾语在后，偏句在前、正句在后，等等。但有时为了表达上的需要，也可改变寻常语序。倒装的形式一般有：主谓倒置、宾语前置、定语后置、偏正倒置等几种。主谓倒置，就是把谓语置于主语之前。如《荷花淀》一课中的句子：

水生笑了一下。女人看出她笑得不像平常。

“怎么了，你？”

这里谓语“怎么了”出现在主语“你”之前。水生晚归的行动和异常的表情引起了水生嫂的不安，谓语前置，表现她急于想了解水生的迫切心情。主谓倒置的主要作用在于强调。谓语往往是句子的核心，谓语前置可以突出句子的核心信息。教师口语表达中，这种用法非常多见。例如：“回去吧，你们！”“快来呀，同学们！”“唱起来吧，大家。”“很容易，这道题。”

宾语前置，就是把宾语置于动词之前。如某老师上《一只木屐》时，告诉学生木屐就是木头的鞋子，并引用“应怜屐齿印苍苔”的诗句说明木屐是有齿的。

师：这样一只木屐，她看到了。但她感兴趣的是不是就是木屐？

生：不是的。

师：写木屐是为了写谁呢？

生：人。

这篇课文写冰心离开日本时在船上看到水中漂浮着的一只木屐所引起的联想。这里把“看到”的宾语“这样一只木屐”提到了句首。因为前面是向学生解释木屐为何物，顺势先说出“这样一只木屐”，再补说“她看到了”，这样表达是自然的，客观上也有强调宾语的作用。

定语后置，就是把定语置于中心语之后。定语后置的主要作用是突出定语，同时也可使句子的主要部分更加简洁紧凑。例如《春》一课中的句子：

春天像小姑娘，花枝招展的，笑着，走着。

这一句也可说成“春天像花枝招展的小姑娘，笑着，走着”。这是常式表达，语句显得平淡。把“花枝招展的”这一定语后置，作变异的表达，起到了强化作用，更加突出了春姑娘的活泼形象，而且读来语气舒缓，变化有致。

偏正倒置，就是把偏句置于正句之后，其作用主要也是强调。例如某老师上《草船借箭》时说：

诸葛亮直到第三天四更才去借箭，因为这个时候，大雾弥漫，曹军看不清江面上的情况就要放箭，这样就可以借到箭了。他为什么能知道这个时候有雾呢？这不是他能掐会算，而是因为他懂得天文知识。

这段话中该老师用了两个因果倒装句，强化突出了原因。这里既有假设倒装，又有因果倒装。分别突出了假设条件和原因。句式的变异，使表达显得更加活泼。就像语言学家吕叔湘先生说过的那样："口语至少跟文字同样重要，如果不是更重要的话；许多语言学家认为口语更重要，因为口语是文字的根本。"

4. 比喻的魅力

各种修辞手法是话语"语不惊人死不休"的重要推进剂，其中又以比喻最为常用。在日常交际中，比喻可以使很复杂的问题变得简单，抽象的问题变得具体，枯燥乏味的问题变得生动有趣。我们不妨认真读读下面这两则故事，看看能够品味出什么妙处。

中国的法学家王宠惠在伦敦的时候，有一次参加外交界的宴会。席间有位英国贵妇人问王宠惠："听说贵国的男女都是凭媒妁之言，双方没经过恋爱就结成夫妻，那多不对劲啊！而我们，都是经过长期的恋爱，彼此有深刻的了解后才结婚，这样多么美满！"王宠惠笑着回答："这好比两壶水，我们的一壶是冷水，放在炉子上逐渐热起来，到后来沸腾了，所以中国夫妻间的感情，起初很冷淡，而后慢慢就好起来，因此很少有离婚事件。而你们就像一壶沸腾的水，结婚后就逐渐冷却下来，听说英国的离婚案件比较多，莫非就是这个原因？"

还有一个故事是发生在纽约国际笔会第 48 届年会上的。当时有人问中国著名作家陆文夫对性文学是怎么看的。陆文夫不失幽默地答道："西方朋友接受一盒礼品时，往往当着别人的面就打开来看。而中国人恰恰相反，一般都要等客人离开以后才打开盒子。"与会者发出会心的笑声，接着是雷鸣般的掌声。

运用这种似乎与本体事物风马牛不相及的类比物形成的奇妙比喻能使听众有新奇的感觉，也常常使我们说话的趣味性增色不少。不但生活中如此，在教学中使用比喻，也常常会收到意想不到的良好效果。有经验的教师总是多用、善用比喻，以使自己的语言锦上添花，创造了许多成功的实例。在一堂作文课上，一位教师为鼓励学生认真修改作文，说了这样一段话：

同学们，大家常常写文章，可知道什么叫文章吗？《辞海》上说："绘图之事，青与赤谓之文，赤与文谓文章。"人的脸皮有青有赤也有白，可见，每个人的脸皮就是一篇天生的文章。（笑声）古今中外，各色人等，尤其是女同胞都是非常讲究修改"文章"的。（大笑）你看吧，她们每天早晨起来梳妆，对着镜子用增白蜜反复揣摩（涂抹），再用胭脂、唇膏精心润色（大笑），还要用特制的眉笔仔细地修改"眉题"，甚至连标点符号也毫不含糊——非要用手术刀将"单括号"（单眼皮）改为"双括号"（双眼皮）不可！（笑声、掌声）你们看，这是何等严肃认真、高度负责的态度啊！我们每个人都有自己的"文章"，要使自己的"文章"出类拔萃，成为"真由美"（真优美），不在"修"字上下一番工夫行吗？（笑声）著名文学家何其芳同志说："修改文章是写作的一个重要部分。"

要求学生认真修改文章，本来是一个很严肃、很宽泛的话题，但这位老师有意以人的脸设譬，把写作修改和女性的梳妆打扮巧妙地联系起来，既生动形象又诙谐幽默，收到了激趣扬情的课堂效果，同时也体现了教师的独到匠心。

比喻，就是取比喻意。它要求比要取得类同贴切，意要喻得巧妙自然。要真正实现将抽象的道理具体化、深奥的道理通俗化。唯其如此，我们的语言才会进入美学境界，并散发出艺术的魅力。下面一位教师对学生的劝喻就因此而给人一种审美享受。

这是一位很知道爱护自己学生的班主任。有一次，他发现自己最得意的班干部——一名品学兼优的学生，由于滋长了骄傲情绪而与班上同学闹起了对立。这位教师分析了他争强好胜的性格特征以后，决定不直接触及他的缺点，而是寻找合适的机会从侧面敲打敲打他。一天晚自习时，他到教室巡视，看见这名学生在做数学题，正忙着在本子上画着圆圈。突然“两个圆圈的比喻”闪现在他的脑海，机会到了，这位教师便和学生聊了起来：

“我给你出个小题做做如何？”

“好啊！”

“甲、乙两个大小不同的圆圈，哪个接触的圆外面积大？”

“当然是大圆圈了。”

“为什么？”

“圆圈大，圆周就大，接触的圆外面积自然大喽。”

教师继续用探究的口吻往下说：“如果圆圈的面积代表人们已经掌握的知识，圆圈以外的广大面积代表人们还不知道的无穷领域，那么，怎样才能扩大那未知的领域呢？”

“去不断地学习和掌握知识，扩大自身的圆圈面积呗。”

至此，教师的谈话已经开始切入正题了。“这个比喻，你知道是谁提出来的吗？这是2000多年前古希腊哲学家芝诺所设的比喻。它说明了什么呢？”

学生若有所悟，说：“它说明，知识多的人才能知道有更广阔的未知世界；而知识少的人，以为没什么未知数了。”

“你说得对。造诣越高的人，越知道探索学问的路漫长得很，因而就越能坚持学习，越能保持谦逊的作风。相反，知识甚少或偶有一得的人，才自命不凡，得意忘形。”

似乎是一问一答的闲聊，然而，就在这种轻松和谐的交谈中，教师通过取比设喻巧妙地将自己的规劝渗进学生的心中，让学生心领神会，从而认识并改正自己骄傲的态度。

第三节 幽默的艺术效果

一、幽默是教育的调剂

幽默是一个人的学识、才华、智慧、灵感在语言表达中的闪现，是一种诙谐想象的能力，能揭示社会上的种种不协调、不合理的荒谬、偏颇、弊端、矛盾现象的实质。幽默语言可以释放我们内心的紧张和重压，使之皆化作轻松的一笑。在沟通过程中，幽默的语言如同润滑剂，可有效地降低人与人之间的“摩擦系数”，化解冲突和矛盾，并能使我们从容地摆脱沟通中可能遇到的困境。

在教学中，教师的幽默语言可以缩短师生心理距离，缓解教师与学生、学生与学生之间的紧张关系，能冰释误会，消解责难，缓和气氛，减轻焦躁，消除学生的恐惧情感和抵制情绪，减轻学生的心理压力等。一些经常受到批评的学生非常容易产生排斥心理，从而产生认识上的偏差，造成意义障碍。如果教师能够采用幽默的语言与学生沟通，让学生把自己的想法表达出来，这将有利于增强教师对学生内心世界了解的程度，采取恰当的措施达到和谐师生关系、消除意义障碍的良好教育效果。比如：

一名学生总是迟到，屡屡受到老师的批评，而且这名学生并没有因为老师的批评就不迟到了。一天，这位老师上的第一节课已过了10分钟，这名学生才大摇大摆走进教室。这位老师一改往日的训斥，而是认真地看了看表，微笑着说："不错，你比昨天足足提前了8分钟，如果你能再提前3到5分钟，我就满意了。"事后，这名学生主动找到老师，承认他最开始迟到是有特殊原因的，后来迟到是成心与老师对着干的。他保证以后不再迟到了。该生后来真的没有再迟到过。

有人说，"幽默是一位好教师最优秀的品质之一"。的确如此，这位教师的机智幽默不但平静了自己的情绪，使自己从容脱身，摆脱不自在的情境；而且减弱了学生的对抗性，让学生看到了教师的大度胸怀，感到惭愧而改正了错误。可见教师的幽默会表达出对学生的亲切友好，从而培育和谐愉快的师生关系。

有的教师习惯于板起面孔说教，学生有可能敬而惧之，也可能敬而远之。作为一名教师，如果一味在师道尊严中找感觉，就会给学生一种高高在上、冷若冰霜之感，师生关系怎么可能和谐，学生怎么能够"亲其师，信其道"？在教学过程中适当引入幽默，能缩短师生之间的心理距离，融洽师生关系，为课堂教学营造好的气氛。

有位老师每学期开学时都会给其学生讲一个类似"猪肝与竹竿"的小笑话：从前，有个县令，想挂蚊帐，但没有竹竿，于是差遣小吏前去购买。小吏得令，直奔肉店，买一块猪肝而归。临走时店主赠猪耳朵一个，说是孝敬公差大人的，小吏忙将猪耳朵揣入怀中。路上甚喜，口中直念叨——老爷吃猪肝我吃猪耳朵。回府，便把猪肝献给县令。县令一看，顿时火冒三丈，拍案怒吼道："真是胆大，你的耳朵呢？"小吏闻言，心想："店主赠我猪耳朵，老爷竟然也知道，真是明察秋毫。"于是，小吏扑通一声跪倒在地，慌忙从怀里掏出猪耳朵，举过头顶，说："老爷，耳朵在这里。"学生听完，一阵大笑，"开心一刻"之后进入"开新一课"，自然过渡到正题，将学生的思绪引入到学习内容之中，这样就为教学营造了一个良好的开端。

二、施展幽默的方法

课堂教学中，教师的幽默艺术得以发挥作用的方法多种多样。幽默教学有法，却无定法。要见机幽默，要适时幽默，要因事因人而幽默。所以，幽默的方法在于借鉴，不可硬搬，曲尽其妙，存乎一心，若无临变制机之巧，则百法无一用。

（一）"老掉牙"的幽默

上课铃响过，老师走上讲台，有些学生还在低头忙着别的什么。见此情景，老师煞有介事地说："警报已经响过，还不赶快'隐蔽'呀，真是两耳不闻窗外事，一心只顾手头忙！"学生一听都乐了，立即坐得端端正正，集中注意开始听课。

春天的课堂里，和煦的春风吹得学生睡意蒙眬，老师见状，也眯起眼睛佯装打瞌睡，然后梦呓一般地絮絮轻语："暖风吹得师生醉，直把教室当卧房……春眠不觉晓，还是睡觉好。"一番话抑扬顿挫，把学生都逗笑了，笑声中睡意被驱散得无影无踪。

构成这两侧幽默的一个共同方法是，对现有成句的临时改造。第一例是对"两耳不闻窗外事，一心只读圣贤书"这一流传甚广的对联的改造；第二例则是对"暖风吹得游人醉，直把杭州作汴州""春眠不觉晓，处处闻啼鸟"这些著名诗句的改造。这种妙改陈言的语言技巧有什么效果呢？具体说来有两点：一是借助陈言的著名效应，激活学生已有的知识储备，使其更顺利地理解和接受语言信息；二是能通过对陈言的部分"篡改"，对学生的惯性思维和例行理解以新奇刺激，构成一种"新"与"陈"的即时对比，而且这种“篡改”又总是和当前情景紧密地联系在一起，因而更容易引发学生产生感同身受的兴奋，从而大大强化学生接受语言信息的兴趣。

（二）放大错误

故错夸张，就是根据他人错误的逻辑做法，夸张地表现其错误，以便使学生直观地认识并改正错误。比如，一位老师针对有的学生写作文时不加标点或一逗到底的问题，做出了这样的反应：在评讲作文时，他站在讲台上上气不接下气地念一学生的作文，一直到脸涨得通红、腰弯到不得不蹲下时还在念。学生不解地问：“老师，你怎么不停一下呢？”老师则喘着粗气说道：“句号在哪儿呀？”学生顿时哄堂大笑，从笑中也受到了教育。

（三）“歪批曲解”

所谓曲解，就是对对象进行歪曲、荒诞的解释，以一种轻松、调侃的态度，将两个表面上毫不沾边的东西联系起来，造成一种不和谐、不合情理、出人意料的效果，从而产生幽默感。利用语法手段，有意违反常规、常理、常识，打破词语的约定俗成，临时赋予其新的解释；甚至对问题进行歪曲解释，把毫不相关的事捏在一起“拉郎配”，造成因果关系的错位或逻辑矛盾，从而得到出人意料的结果，形成幽默感。

有意曲解还包括偷换概念。将对方谈话中使用的概念借用过来，并赋予新的内容，也会产生幽默的效果。如一位妻子瞪着丈夫说：“我一见你就来气。”丈夫却慢条斯理地回答：“好啊，我练了一年气功还没气感，原来是你把我身上的气都吸到你身上去了。”这位丈夫巧妙地将生气的“气”偷换成气功的“气”，逗妻子一乐，她的“气”也就在笑声中消了。

偷换概念的另一种方法是“以偏概全”。对于范围过宽或比较抽象的问题，只用其中的一个方面进行说明，这样既有利于回答难以回答的问题，又体现了当事人的幽默感。

有一次，一名新闻记者问萧伯纳："请问乐观主义者和悲观主义者的区别何在？"这是一个范围很大且很抽象的问题。如果要从理论上做出一个准确的回答，恐怕得费好大劲也不一定能令对方满意。于是他说："假如这里有一瓶只剩下一半的酒，看到这瓶酒的人如果高喊：'太好了，还有一半！'这就是乐观主义者；如果悲叹：'糟糕，只剩下一半了。'那就是悲观主义者。"在这里，萧伯纳巧妙地使用"以偏概全"的方法，选择了一个生动的事例，化大为小，回答得轻松自如，不仅颇有幽默感而且令人回味无穷。

（四）正话反说

有一则宣传戒烟的公益广告，上面完全没提到吸烟的害处，相反却列举了吸烟的四大好处：一省布料，因为吸烟的易患肺病，导致驼背，身体萎缩，所以做衣服就不用那么多布料；二可防贼，抽烟的人常患气管炎，通宵咳嗽不止，贼以为主人未睡，便不敢行窃；三可防蚊，浓烈的烟雾熏得蚊子受不了，只得远远地避开；四永葆青春，不等年老便可去世。

这里说的吸烟的四大好处，实际上是吸烟的害处，却很幽默，让人们从笑声中悟出其真正要说明的道理，即吸烟危害健康。

这就是所谓的正话反说，说出来的话所表达的意思与字面意思完全相反。如字面上肯定，则意义上否定；或如字面上否定，则意义上肯定。这也是产生幽默感的有效方法之一。

（五）即兴发挥

所谓即兴发挥，就是把新鲜的事例信手拈来，结合教学实际，临场灵活发挥的一种方法。

比如说，一位语文老师针对一位写作文爱用"了"字的学生写了这样的评语：“该用‘了’时你不用‘了’，不该用‘了’时你尽用‘了’，你‘了’字用得太多了，希望今后不要滥用‘了’了。”这名学生看了老师谐趣横生的评语，欣然接受了批评并改正了这个毛病。

再比如说，有一位老师在讲“矛盾的转化”时，顺手拈来一个改编对联的故事：从前，有一个人在过春节前，在其对手家的门上偷偷地贴了一副对联：“福无双至，祸不单行。”第二天，对手起来一看，一点也没有生气，而是提笔给对联的上联和下联各加了三个字，对联就变成了“福无双至今朝至，祸不单行昨日行”。听到这里，同学们禁不住为矛盾的转化叫绝，课堂气氛顿时活跃起来，由此想到了“塞翁失马”和“祸福相依”的故事。

还比如说，一位语文老师在讲《小稻秧脱险记》时，文中写杂草被喷洒化学除草剂过后有气无力地说：“完了，我们都喘不过气来了。”可是，一名同学读这句话时却声音非常大，既有“力”又有“气”。这位老师没有直接告诉这名同学应该如何读才对，而是笑着对他说道：“要么是你的抗药性太强了，要么就是这化学除草剂是假冒伪劣产品。我再给你喷一点看看。”说着朝他做了个喷洒的动作。全班同学哈哈大笑。这名同学再读的时候，耷拉着脑袋，真的有气无力了。老师高兴地表扬说：“这次你读懂了。”于是笑声又起。在老师“借题发挥”引出的笑声中，学生自然而然地加深了对所读内容的理解。

（六）巧用谐音

有一次，一位数学老师讲一道求最大公约数的例题（求 75、125、200 三个数的最大公约数），当讲到用 5 除后，他发现学生精神疲惫，注意力涣散，就灵机一动，大声问道：“同学们，请看我们还有没有用武（5）之地？”学生先是一怔，继而在笑声中答道："没有了！"一句谐音妙语引出一阵笑声，给沉闷的课堂打了一针强心剂。

一所学校有一段时间考试风气不是太好，引发师生的激烈反应。学校领导决定在期末考试中狠抓考风，要求监考老师必须再三强调纪律，严肃认真监考。一时间学生如临大敌，个个十分紧张。一位老师发现这种气氛很不利于学生发挥应有的水平，于是在考试前念完了《考场纪律》后，又说了下面一段话："同学们，你们可以做武林高手，但切莫做'舞（舞弊）林高手'，武林高手是勇敢而强健的，'舞林高手'是怯懦而卑微的。"同学们听了，都会心地笑了起来，紧张气氛大大缓解。

一位班主任在班会课上对学生进行纪律教育，当说到不要在课间休息的时候追逐打闹时，有个学生咕哝一句："尽说废话！"声音虽小，但全班学生还是听得很清楚。面对学生的错误态度，教师依然充满深情地说："这位同学说得不错，我刚才说的的确是'废话'，是从内心发出来的'肺话'——也就是肺腑之言！因为追逐打闹十分危险，很容易导致受伤。可老师是多么希望你们一个个都能健康成长啊！"

上面三例有一个共同点，都运用了"谐音"这种言语方法。谐音，首先是汉语的一种修辞手法，然后成为一种语言技巧，在语言艺术（尤其是相声）中经常使用。它以音同意不同的表达特色和对语言惯性结构的利用与反拨，造成了一种语言复意，产生出一种陌生化效果。如许多广告语中对谐音的利用都能产生叫人过目不忘的效果。试举几例：依"脍炙人口"创造出"快治人口"，"默默无闻"作"默默无蚊"，"贤妻良母"作"闲妻凉母"，等等，这类谐音均体现出一种特殊的趣味。因此，如果在教学中恰当地使用谐音，可以显示教师语言的风趣与幽默，增加其生动性，并通过谐音复意向学生展示出更多的知识。

三、自嘲中的幽默

如果你嘲笑的是自己，试问有谁会大力反对？美国社会学家麦克·斯威尔说：“在别人嘲笑你之前，先嘲笑你自己。”你不妨把“自己”当作嘲笑的对象，不但可以消除紧张、焦虑的情绪，更可以提升自我的修养。

古希腊大哲学家苏格拉底，娶了一个心胸狭隘、性格暴躁的悍妇，这个女人成天唠叨不休，动辄破口大骂，常常弄得苏格拉底狼狈不堪。有一次，他的学生问苏格拉底：“老师，您是大学问家，怎么找这样的女人当老婆？”苏格拉底说：“诸位有所不知，擅长骑术的人，总要选烈马来驾驭。我若能忍受得了我的妻子，恐怕天下就没有与我难于相处的人了。”不想这番话刚好被他的妻子听到，那悍妇便当着学生的面将苏格拉底臭骂了一顿，还随手抄起一盆水，将他浇成了一只“落汤鸡”。当时学生们都愣了，目瞪口呆地看着苏格拉底。这着实让苏格拉底在学生面前非常难堪，可是他抖抖身上的水，很平静地说：“电闪雷鸣之后，自然是倾盆大雨呀！”一句话引得大家哈哈大笑。

其实，这种“苏格拉底式”的尴尬在生活中是随处可见的。平时我们一不留心就会说错一句话或者做错一件事，从而有可能使自己陷入难堪的窘境。在这种情况下，聪明人总是不会忘记使用语言这种神奇的魔法，通过自我解嘲来对错误或过失进行巧妙的掩饰，从而及时消解因此而产生的消极影响，迅速弱化或转移对自己的不利局面。这种化拙为巧的语言，既为自己铺就了能拾级而下的心理台阶，又展示了自己情急而生的智慧，往往能获得满堂喝彩。因此，有经验的教师平时总是用心琢磨，注意积累，善于体悟，一旦在无心中偶然出错，也能自我解嘲，挽狂澜于既倒。

有一位年轻的教师，在校长的陪同下第一次到教室上课。当校长把这位教师介绍给学生时，全体同学立即起立鼓掌欢迎。在学生的热烈掌声中，这位新教师在校长的示意下从门口走向讲台，紧张中迈向讲台的一只脚踏空了，顿时全身趔趄，差一点摔倒，引起全班同学的一阵哄笑，场面十分尴尬。但见这位教师稳住身子后立即微笑地说道："同学们的欢迎仪式太隆重了，弄得我受宠若惊，并为大家的热情而倾倒。"新老师一句简简单单的话就化解了眼前的被动与难堪，在他妙语创造的亲切、和谐的气氛中，第一堂课顺利地开始了，而学生也因此喜欢上了这个机智风趣的新老师。

具有异曲同工之妙的一例是，一位姓吴的老师举行公开课。也许是教室地面刚刚清洗不久，吴老师走进教室，脚底下一滑，重重地摔了一跤。这突如其来的尴尬并未使吴老师紧张，只见他从容地站起来，整理整理衣服，然后面带笑容地向全班同学说出了这样一句话："谢谢今天的值日同学，因为他们把地扫得很干净，你们看，我的衣服一点都没有脏。"说着，还单脚立地来了个 360 度大旋转。这一说一转，顿使教室成了欢乐的海洋。但吴老师并没有就此在笑声中开始讲课，而是抓住机会又加阐发："如果大家能记住这样一句话，我这一跤也就没有白摔——"说着他在黑板上飞快地写下："让你在平坦的路上摔倒的只能是你自己，走好你脚下的路！"这真诚的话语，既是他此时的深切感受，也是他对学生的谆谆教诲。如此敏捷而又扣"题"的表达，再一次赢得了热烈的掌声。

自嘲也是教师的一种语言艺术。自嘲，是宣泄积郁、制造心理快乐的良方。学会自嘲，我们才能拥有一个平稳、健康的心态和一副健康的体魄。自嘲是一种特殊的人生态度，它带有强烈的个性化色彩。自嘲作为生活的一种艺术，它具有干预生活和调整自己的功能。它不但能给人增添快乐、减少烦恼，还能帮助人更清楚地认识真实的自己，战胜自卑的心态，应付周围众说纷纭带来的压力，摆脱心中种种失落和不平衡，获得精神上的满足和成功。

四、细品优秀教师打造的幽默课堂

（一）特级教师于 ×× 的幽默课堂

特级教师于 ×× 常常以恰到好处的教学幽默润色课堂，为教学增添亮色。在教《我爱故乡的杨梅》时，于老师请一名学生朗读课文，让其他学生边听边想象情节。学生声情并茂地朗读，仿佛把大家带入了果实累累的果园。

这名学生读完后。于老师看了看全班同学，煞有介事地说："陆晓荣听得最投入。我发现他在边看边听的过程中，使劲咽过两次口水。"回过味来的同学们都会心地笑起来。于老师接着说："课文中描写的事物，肯定在他的头脑中变成了一幅鲜明生动的画面。我断定，他仿佛看到了那红得几乎发黑的杨梅，仿佛看到了作者大吃杨梅的情景，仿佛看到了那诱人的杨梅果正摇摇摆摆地朝他走来，于是才不由得流出了口水……"学生们都哈哈大笑起来。于老师又郑重其事地说："如果读文章能像陆晓荣这样，在脑子里'过电影'，把文字还原成画面，那就证明你读进去了，就证明你读懂了。老实说，刚才我都流口水了，只不过没让大家发现罢了。"同学们笑得更厉害了。

在这节课中，于老师用幽默的语言，把一个重要的读书方法——"边读边想象，把抽象的文字还原为生动的画面"讲出来了；而学生们发自肺腑的笑声，则表示着他们对课文的理解和对教师语言能力的折服与钦佩。

课堂上，老师精心设计的问题犹如一个个路标，引导学生进入柳暗花明又一村的境界。

（二）特级教师贾 ×× 的幽默课堂

特级教师贾 ×× 在教《两个名字》一课中的“我有……你也有……哈哈，我们都有”这一句式时，信步走到学生中间，同他们进行了轻松愉快的对话。

“你好，我有一支铅笔。”贾老师左手举起一支铅笔，右手握着一位小朋友的手说。

“您好，我也有一支铅笔。”小朋友高兴地站起来，也举起了自己的铅笔。

接着，贾老师亲切地示意这位小朋友和自己一起说：“哈哈，我们都有一支铅笔。”

学生纷纷争着和老师对话。这时，贾老师却让他们先说，自己后答，并且这样启发他们：“你们能不能说说看不见、摸不着的东西？”不知不觉中，对话的难度增加了。学生在认真地思索后，纷纷举手。

生：“您好！我有一颗爱心。”

师（激动得竖起大拇指）：“你好，我也有一颗爱心。”

合（愉快地）：“哈哈，我们都有一颗爱心！”

就这样，贾老师由简单到复杂，从具体到抽象，循循善诱，润物无声，在一次看似随意的语言训练中显示出了炉火纯青的教学艺术。

第四节　教师讲话的语言技巧

一、“见人说人话”

中国民间有句俗语：见人说人话，见鬼说鬼话。意思是说，说话要看对象，不能张口就来。看对象包括看对象的性别、年龄、身份、职业、文化层次、思想修养、关系亲疏、处境情绪等，对不同的对象说与之相适应的话，才可创造出一种协调、融洽的气氛，达到说话的目的。

比如看职业身份说话，下面是优秀服务员李淑贞接待顾客的话语：

知识分子进店，李淑贞说："同志，您要用餐，请这边坐。来个拌鸡丝或溜里脊，清淡爽口，好不好？"

工人同志进店，李淑贞说："师傅，今儿个过班，想吃过油肉，还是汆丸子？"

乡下老大娘进店，李淑贞说："大娘，您进城里来了，趁身子骨还硬朗，隔一段就来转转，改善改善生活，您想尝点啥？"

对知识分子，用语文雅、委婉；对工人同志，用语直接、爽快；对乡下老大娘，用语则通俗、朴实。问人年纪：对小孩问"你几岁了？"对中学生问"今年多大了？"对中青年问"您多大年纪了？"对老人问"您高寿？"或"您高龄？"

说话还要考虑对方的心态、情绪的前后变化，要学会察言观色。有这么一个故事：

有家父子冬日在镇上卖便壶（俗称"夜壶"，夜间小便的用具）。父亲在南街卖，儿子在北街卖。不多久，儿子的地摊前有了看货的人，其中一个看了一会儿，说道："这便壶大了些。"那儿子马上接过话茬："大了好哇！装的尿多。"那人听了，觉得很不顺耳，便扭头离去。在南街的父亲也遇到了顾客说便壶大。当听到一个老人自言自语说"这便壶大了些"后，马上笑着轻声地接了一句："大是大了些，可您想想，冬天夜长啊！"好几个顾客听罢，都会意地点了点头，接着掏钱买了便壶。

父子两人在同一个镇上做同一种生意，结果迥异，原因就在说话上。儿子的话并非不对，但他的话显得粗俗不雅，夜尿多少带有隐私，说得太明白，听了心里不舒服。父亲“冬天夜长啊”这句话的潜台词是：冬天天冷夜长，夜解次数多，大的便壶正好派上用场。这话既隐讳又设身处地地善意提醒，说得很得体，顾客买下来也是很自然的了。

与智者说话，要以交流知识和感情为原则。与明白事理的人说话，要以简明扼要为原则。与博学者说话，要以求教、明辨事理为原则。与有权威的人说话，要以谈形势、任务为话题。与上级领导说话，要用汇报请示的口气。与基层人员说话，要用关心、理解、支持的态度。与生活贫困的人说话，要以扶贫帮困为原则。与文化素质较低的人说话，要以尊重、启发的态度。与求自己办事的人说话，要以尽量帮助解决问题为原则。与胡搅蛮缠的人说话，要言之有理或以干脆不理的态度为原则。与谦虚善思的人说话，要用探讨性言语，点到为止。与骄傲自满的人说话，要多听多说，注意否定词语的运用。还有一点要注意的，说话看对象的“对象”，不仅是你方，有的还应该考虑到他方（第三者），如果说话的内容跟他方有关系的话。比如我跟你谈论“他”某件事情做得对不对，就要考虑“他”的心情和接受程度。

二、讲话分场合

人们常说：“到什么山唱什么歌。”也就是在什么场合说什么话，这是人们在长期交际实践中总结出来的经验。场合就是谈话的社会环境、自然环境和具体场景，具体场景又涉及谈话的时间、空间及周围环境。它们虽然无言，却在言语交际中起到不可低估的参与和影响作用。谈话双方对于话题的选择与理解、某个观念的形成与改变、谈话的心理反应以及交谈结果，无不与场合有直接联系。这就要求谈话者必须估计场合影响，并有意识地巧妙利用场合效应。

比如，午休时间同学们都在宿舍午睡，你在宿舍谈话就必须很小声，不能高谈阔论。在朋友的婚宴上大家都在祝贺新婚夫妇白头偕老，你就不要对新人说谁跟谁离了婚，尽管你没有坏心眼。在病房探视病重住院的朋友，应该多给病人宽慰的话，鼓励他要有信心，在这里告诉他某某人病死了就很不得体。某同学有缺点，你没有找他个别交换意见，就在大庭广众之中公开揭他的短，这位同学可能会因为你伤了他的自尊心而拒不接受你的批评。有这么个笑话：

某某说话总不看场合，所以经常得罪人。有一天，一亲戚新居落成，家人去祝贺，某某也要去，于是家人约法三章：去可以，但在亲戚家里不准说一句话。某某答应了。整个贺喜过程都是家人说话。临别，主人送客到大门口，某某对主人说："今天我可是一句话也没说，以后你家的房子被火烧了别怪我啊。"某某的话如果是在消防设施检查中发现问题，消防员提醒主人注意之后说"如不采取措施，万一房子被火烧……"的话还算可以。而某某是在祝贺别人新居落成时说，就太不吉利了。

鲁迅先生在《野草·立论》中说了这么个事：

一家人生一男孩，满月时，客人来贺。一个说："这孩子将来要发财。"他得到一番感谢。一个说："这孩子将来要做官。"他得到了几句恭维。一个说："这孩子将来要死的。"他于是得到一顿大家的合力痛打。

中国人特别相信语言的力量，说了好话，有助于成好事；说了坏话，也许会变成真的。生了男孩又满了月，自然是大喜事，孩子的家人等着听的就是贺喜客人的吉利话，这时候冒出一句带

“死”的话，挨打是自讨的。

这两个例子告诉我们，说话要考虑我们的民族文化。在正式的场合谈一件严肃的事情，像机构改革，人事更迭，那就需要用词准确，用句较完整，不带歧义，不带过多修饰成分，不用讨论式的语气。“对于这个问题，从我们单位的实际情况出发，我认为……”“某某同志的意见我同意，我认为这个做法符合我们单位的实际情况，是可行的。”

老朋友或老同学久别巧遇，打招呼也满是调侃：“你老兄，这几年钻到哪去了，怎么面也不露一个？”“还说我，你呢，在哪儿发财？”“发财？我还没那福气，混碗饭吃就不错了。”更熟一点的还会说：“你这家伙，发了财了也不用躲起来呀，怕大家分你的啊？”

老师的课堂教学是在特定时间、特定地点、对特定对象讲解特定内容的一种传授知识的活动，表达方式与平时聊天、对话、会议发言都不同，它要求老师的语言清楚明白、通俗易懂、优美生动、针对性强、富有启发性。

总之，不看场合，随心所欲，信口开河，想到什么说什么，这是“不会说话”的表现。人总是在一定的时间、一定的地点、一定的条件下生活的，在不同的场合，面对着不同人、不同事，从不同的目的出发，就应该说不同的话，用不同的方式说话，这样才能收到理想的言谈效果。

三、承认“办不到”的勇气

“对不起，我办不到”，这句话是在委婉地拒绝他人的请求。那么什么时候说这句话合适呢？当自己没有能力办到或不想办时我们会这么说。

当同事托你办某事时，当上级领导委托你做某事时，请一定不要不假思索地满口应承。至少也要冷静一分钟，在大脑中转一个圈子，考虑这件事自己能不能办得到、办得好。把自己的能力与事情的难易程度以及客观条件是否具备结合起来统筹考虑，然后再做决定。办事要依自己实力，自己感到难以做到的事，要勇敢地鼓起勇气，说声："对不起，我实在无能为力，您是否可以另找别人？"或者"实在抱歉，我水平有限，只能让您失望了。我想，如果我硬撑着答应，将来误了事，那才对不起您呢！"这样，你才是真正会办事的人。

善于拒绝是一门说话艺术，拒绝的方法很多，比如：

（一）坚决拒绝，不让对方再有幻想

不可能办到或不愿意接受的要求，拒绝时口气可以委婉，但态度一定要坚决，不要模棱两可，让对方产生误会。

如某学生考试考了55分，找老师请求通融，把分数提到60分。老师认为这不可能，于是明确表示："这次试题有一定的难度，有好些同学不及格，你们要加把劲，争取下次考好。至于提到60分，那不行，因为学校有规定。"

（二）婉言拒绝，但给对方提供希望

对方是弱者，对自己寄予较大的希望，而自己又没有能力实现对方的要求，坚决拒绝会伤害对方的心，这时婉言拒绝就很必要。

如对方是下岗工人，年纪已50岁，家境困难，专程登门请求帮他在自己的学校找份工作，而自己只是个普通的老师，没有这个能力帮这个忙，于是回答："你是家里的主劳力，没有工作一家人的生活怎么过啊？我们学校好像请过一些临时工，不知道现在还需不需要人，我给你打听一下。至于落实这份工作，建议你还是要找负责的相关领导，他说了才算数，我只是个普通的老师，但一定努力给你说好话。"

（三）暗示拒绝，用沉默或态势语表示

对对方的要求表示沉默，或显露出疲劳的样子，或将目光、表情从热烈一下变为平静，让对方感觉出自己的态度。

（四）转移话题，回避对方的要求

这是委婉拒绝的一种手段，它能照顾到对方的面子，同时又间接地表示了拒纳的态度。

四、随时不忘待人有礼

我们的国家是礼仪之邦，讲究礼数向来是中国人引以为傲的传统美德。这种对礼仪的崇尚在教师与人谈话中也常得到体现。

参与别人谈话要先打招呼，别人在个别谈话时，不要凑前旁听；有事需与某人谈话，可待别人谈完；有人主动与自己说话，应乐于交谈；发现有人欲与自己谈话，可主动询问；第三者参与谈话，应以握手、点头或微笑表示欢迎；若谈话中有急事需离开，应向对方打招呼，表示歉意。

谈话时若超过三人，应不时与在场所有人攀谈几句，不要同个别人只谈双方知道的事情，而冷落其他人。如果所谈的问题不便让其他人知道，可另约时间。

在交际场合，要给别人发表意见的机会；在别人讲话时，也可适时发表个人的看法。对于对方谈到的不便谈论的问题，不应轻易表态，可转移话题。要善于聆听对方的讲话，不要轻易打断，不提与谈话内容无关的问题。在相互交谈时，应目光注视对方，以示专心。别人讲话时不要左顾右盼、心不在焉，或做出注视别处、老看手表等不耐烦的样子，或做伸懒腰、玩东西等漫不经心的动作。

谈话中要使用礼貌语言，如“你好”“请”“对不起”“打扰了”“再见”等。见面一般先问好，如“身体好吗？”“最近如何？”“一切顺利吗？”分别时讲“很高兴与你结识，希望今后再见面”“请代问全家好”等。

除了常规礼貌，特别需要提醒的是，在教学中，学生和老师发生争吵的事是常有的。当学生说出过头话时，有经验的老师总能保持稳定的情绪，平心静气地和学生讲道理；或暂时放一放，等适当的时候再找学生谈心。但也有一些缺少经验又脾气暴躁的老师，面对学生的顶撞容易感情失控，大发雷霆，说起话来犹如炮弹出膛，全不顾及后果。结果，不仅问题得不到解决，反而产生更多的麻烦：轻则师生关系僵持，老师的教育工作受影响，学生的自尊心受挫，学习和思想都大受影响；重则老师无法下台，在学生中威信降低，学生对老师产生抵触情绪，甚至干出出格的事来。

总之，教师是学生的榜样和楷模，教师的言行举止应对学生起到示范和表率作用。因此，一名光荣的、受人尊敬的教师，任何时候都要讲究文明礼貌。